防衛機制を
解除して
解離を語れ

中井　孝章

大阪公立大学共同出版会

◆目　次

序　解離という現象……………………………………………………………… 1

Ⅰ　解離における防衛機制批判………………………………………………… 3
　　1．トラウマと解離………………………………………………………… 3
　　2．自我・精神の防衛機制と生体の防衛メカニズム ………………………… 8
　　3．防衛機制としての移行対象――ぬいぐるみの正体……………………12

Ⅱ　精神発達としての解離――想像上の友達（IF）の発達心理学………15
　　1．想像上の友達（IF）とは何か………………………………………15
　　2．想像上の友達（IF）の発達心理学……………………………………19
　　　　――自他二重性と自我二重性の発達過程
　　　（1）自他二重性／自我二重性　20
　　　（2）乳幼児期における想像上の友達（IF）の誕生とその論理　24
　　　（3）青年期以降における想像上の友達（IF）の誕生とその論理　27
　　3．想像上の友達（IF）とタクシードライバーの幽霊騒動……………36

Ⅲ　解離する主体と空間的変容・時間的変容と解離の臨床………………43
　　　　――精神病理としての解離
　　1．解離する主体と空間的変容・時間的変容……………………………43
　　　（1）解離する主体の空間的変容　43
　　　　①私の二重化　43
　　　　②離隔――体外離脱を中心に　44
　　　　③過敏――気配過敏を中心に　46
　　　（2）解離の時間的変容――内在性解離を中心に　48
　　2．隠蔽空間と交代人格――柴山雅俊『解離の舞台』を中心に …………51

Ⅳ 想像上の友達（IF）と解離する主体の空間的変容……………………55
　　──発達心理学と精神病理学との対話
　　1. 知覚の病理としての幻覚………………………………………………56
　　　（1）「対象」についての幻覚　56
　　　（2）「自己」についての幻覚　58
　　2. 知覚の病理としての解離………………………………………………62
　　　　──離隔・過敏とファンタズムとの相互知覚
　　3. ファンタズムとの相互知覚をめぐる問題……………………………68

Ⅴ 〈能力〉としての解離……………………………………………………71
　　──気配過敏・体外離脱と俯瞰力・メタ認知力
　　1. 解離の隠された側面……………………………………………………71
　　2. 「外＝モノ・空間」から自分を知る──俯瞰力……………………74
　　3. 「外＝他者」から自分を知る──前適応のメカニズム……………79
　　　（1）他者理解から自己理解へ　79
　　　　　──他者モニター能力の投射先の転換
　　　（2）他者モニター能力から他者の模倣へ　85
　　　（3）なぜ他者の心の理解が先決なのか──心の理論の正体　87
　　　（4）アスペルガー症候群の人たちの新しい適応システム　90
　　　　　──メタ知識とメタ他者理解
　　　（5）なぜ，精神分析を批判しなければならないのか　93
　　4. 俯瞰力としてのメタ認知とデフォルトモード・神経ネットワーク……96

結　語……………………………………………………………………………99

文　献　101
あとがき　103

序
解離という現象

　筆者は大学生であった頃から今日に至るまで「ある現象」（仮に，Xとする）について漠然と興味・関心を抱き続けてきた。ただ正直に述べると，つい最近まで，このXが一体何であるのかを認識することはできなかった。そのこともあり，Xと向き合うことさえなかった。知らないことについてはただ知らないというしかないのである。

　ところが筆者は，ようやくXが何であるのかを認識する機会に恵まれた。それはまさに，もう1つの世界の扉が開かれた瞬間であった。不思議なことに，筆者はそのことを機会にXについて断片的に書かれた資料や文献，特に専門書が数多く蔵書としてあることに気づき，それらを一堂に集めたのである。

　一体，このXとは何なのか——それは，精神医学や心理学などの学問では「解離」と呼ばれている現象もしくは精神障害である。ただ，筆者がこれまで興味・関心を抱き続けてきたのは，「解離」という概念で括られる明確な事象ではなく，自己が2つ（ときには，それ以上）に分裂するという漠然とした事態であった。後で，自己が分裂するのが「解離」の特徴であることが判明するわけであるが，それまではXが「精神分裂病」ではないかと認識していた（正確には，そのように直感していた）。いま，自己が分裂する事態を「精神分裂病」だと述べたが，筆者が大学生のときは，「統合失調症」という名称が使われておらず，この名称が使用されていたのである。

　しかしながら実は，Xは「精神分裂症」（「統合失調症」）ではなく，「解離」だということが判明してからは，日本の著名な精神病理学者の解離研究の専門書を読む機会に恵まれた。その結果，「解離」という現象は，精神医学などの専門分野では主に「解離性障害」と命名され，厳密な定義がなされていることを知った。筆者としては，Xが「解離」という精神障害であり，それは「解離性障害」として精神医学をはじめとする専門分野で解明されていることを知るだけで十分であり，したがってこれで長年の問題は解決したはずであった。

確かに，筆者が興味・関心を抱き続けてきたXは，「解離」であることに相違ない。にもかかわらず，「解離」が「解離性障害」へと還元されてしまうことに違和感を覚えた。むしろ「解離」が「解離性障害」へと還元されない，いわゆる余剰としての「解離現象」にこそ，「解離」の本質があるのではないかと考えた。したがって本書は，「解離性障害」という精神障害へと回収することのできない，あるいはそのことを拒む（広義の）「解離」について究明していくことを目的とする。

I

解離における防衛機制批判

1. トラウマと解離

　ところで，序で述べた「X＝解離（広義）」と「解離性障害」との差異を明確にする上で，集合知の代表であるウィキペディアを手がかりとしたい。本来，学術書を執筆するとき，ウィキペディアを参照することは安直な方法だと非難されるかもしれないが，それでも今日の精神医学・心理学分野で解離がどのように捉えられているのかについて知る上で，それは最良の手がかりとなる。筆者が知りたいのは，解離（広義）の標準的な見方や捉え方である。

　ところで，ウィキペディアによると，解離は，次のように定義されている（内容を変更しない範囲で筆者なりに編集して記述した）。

　「解離（Dissociation）とは，無意識的防衛機制の1つであり，ある一連の心理的もしくは行動的過程を，個人のそれ以外の精神活動から隔離してしまうことである。抽象的に表現するならば，感覚，知覚，記憶，思考，意図といった個々の体験の要素が『私の体験』，『私の人生』として通常は統合されているはずのもののほつれ，統合性の喪失ということになる。……その中には誰にでも普通にある正常な範囲のものから，障害として扱われる段階までを含んだ幅広い解釈があるが，通常は，解離性障害，さらにはその中でも代表的な解離性同一性障害を，あるいはその症状を指して使われることが多い。」，と。

　この定義から明らかなように，解離は「無意識的防衛機制の1つ」であり，「統合性の喪失」であること，しかも解離は，「誰にでも普通にある正常な範囲のものから，障害として扱われる段階までを含んだ幅広い解釈があるが，通常は，解離性障害，中でも代表的な解離性同一性障害」を意味すること，がわかる。

　筆者から見て何よりも気になることは，「解離＝防衛機制」という前提である。ウィキペディアが解離の秀逸な専門書を参照しているだけに，この前提（大前提）は大いに疑問である。これに関連してある臨床心理士が著書の中で解離につい

て言及しているので，次に引用することにしたい（なお，ここでの引用は，参考にすべき知見ではなく，むしろ防衛機制を批判するために参照したものであることから——もっというと，解離を防衛機制と捉える心理学の言説のうち典型的なものであることから——，敢えて出典を伏せることにした）。

　自分が自分でない状態——「解離」という現象は，何も愛着障害だけによって生まれるわけではなく，小学生や中学生の女の子が，わいせつ犯罪の被害者になったり，継父から性的虐待やレイプをされたときなど，とても耐え難い状態では，「解離」は生じやすくなる。
　PTSDになって，心は傷を負う。こうした状態に耐えるために人間は自分の心を自分から切り離して（「解離」して），自分で自分の身を守るわけである。
　いじめられた子どもも同様に「解離」しがちである。いじめられた子どもも，自分がいじめられているということを認めてしまうと，とても生きていけない。
　では自殺しないためにどうすればいいかというと，「解離」するしかないわけである。
　いじめられている子は，ヘラヘラして，自分が自分以外の人間になったかのように演じていないと，とても耐えられないのだ。これも「解離」という現象である。
　本来，保護が必要な状態の幼い子どもが，暴力やネグレクトなどの虐待を受けると，愛着障害になって解離を起こす。
　「解離」して，自分から自分を切り離す。そのとき，脳は過覚醒状態になって，ボーとする。夢遊病のような状態になるのである。

　この臨床心理士の解離に関する記述が正しいかどうかは別にして——たとえ臨床心理学や精神医学の教科書に記述されていることを鵜呑みにしただけであるにしても——，この記述の中には，解離が語られる動機が端的に示されている。つまり，乳幼児（子ども）をはじめ私たちは，自分自身が「耐えがたい状態」に置かれれば，それに耐えるために自分の心を自分から切り離してわが身を防衛するというわけである。そして，私たちが自分の心を自分から切り離すことこそ，解離であり，こうした防衛機制があるからこそ，何とかわが身の危機に対処することができるのである，と。
　しかも，解離が頻繁に持ち出される背景には，今日，マスコミなどを通してセンセーショナルに報道される，親による乳幼児の虐待の増加がある。そして，被害者としての乳幼児（子ども）は，本来は自らを保護・ケアしてくれるはずの親

からの虐待・ネグレクトを受けるという悲惨な状況（日常的な状況）から自らを守るために，虐待されている自分を自分から切り離したり，そういう自分をにせの自分だと否認したり，ときには，複数の自己を作り出したりするのである。虐待されている子どもは，自分の心を自分から切り離してわが身を守るのであり，こうした自己防衛が解離や多重人格なのである，と。

　このように，親からの虐待による心の傷（トラウマ）を回避・防衛する手段として解離や多重人格が想定されるのである。子ども（被虐児）にとって解離や多重人格は，虐待によるトラウマから自己を防衛するための手段というわけだ。実に明解でわかりやすい思考法である。繰り返すと，ここでは，虐待やいじめなどに基因するトラウマと，その自己防衛手段としての解離や多重人格，すなわちトラウマと防衛機制としての解離が端的に結びつけられている。果たしてこういう思考法は正しいのか。

　思い起こせば，解離の極限としての多重人格（もっとも最近ではこうした名称を用いることはないが）は，テレビタレントでもある有名な精神科医が，有森裕子の名言，「初めて自分で自分をほめたいと思います。」を「解離（多重人格）」だと吹聴したことは印象的であった。しかも，多重人格は，催眠暗示や催眠術などの治療によって捏造された医原病の可能性が疑われる（この場合の多重人格障害は，後述する，小栗康平の「内在性解離」とは区別している）。

　ところで，筆者は著書の中で解離現象を起こすトリガーとなるトラウマやASD・PTSDについて精神医学で用いられる「サリエンシー（saliency）」という概念を持ち出しつつ，論述したことがある［中井，2015：9-10］。「サリエンシー」とは，「精神生活にとっての新しく強い刺激，すなわち，興奮状態をもたらす，未だ慣れていない刺激のことを指す。」［國分功一郎，2015：415］。要するに，サリエンシーとは，「未だ慣れていない刺激」のことである。私たち人間は，サリエンシーだらけの世界に生まれ落ちながらも，反射や習慣によってさまざまなサリエントな現象にその都度慣れ続ける過程でわが身を守っていく。私たち人間はサリエントな現象と呼ばれる，慣れていない環境からの刺激に慣れ，それを幾度も反復する過程で無難なものにしていく，もっといえば，サリエントなものでなくしていくのだ。私たちにとってこうしたサリエンシーに慣れることは，予測モデルを形成することを意味する。

　このように，私たち人間にとって世界はサリエンシーの集合体である。それゆ

え，程度の差こそあれ，すべての経験はサリエントである以上，トラウマとなる可能性を持っていることになる。つまり，世界とかかわるありとあらゆる経験は，サリエントであり，多少なりともトラウマ的であるがゆえに，あらゆる経験は私たちの心に傷を残すのだ。「絶えずサリエンシーに慣れようとしながら生きている我々は傷だらけである。」[同前：422-423]。しかも，「ある種の記憶は痛むが，別の記憶は痛まないのではない。記憶はそもそも全て痛む。それはサリエンシーとの接触の経験であり，多かれ少なかれ，トラウマ的だからである。」[同前：423]。

つまるところ，サリエンシーとは，トラウマ形成の質料（ヒュレー）なのである。もっというと，私たち人間がサリエントな現象とのかかわりで形成する記憶はすべて，トラウマ記憶にほかならない。そのように考えると，私たち人間は常にサリエンシーを被らざるを得ない宿命を持つ存在であるという意味で，筆者は「汎トラウマ主義」を標榜している。

繰り返し述べると，人間にとってすべての「未だ慣れていない刺激」のうち，その人にとってまったくの想定外の――予想モデルを超える――，サリエントな現象こそ，トラウマ記憶となり得る（一方，過少の，サリエントな現象は，反射や習慣，ひいては予測モデルで対処可能である）。

こうして，私たち人間は生まれてこの方，常にサリエンシー，すなわちトラウマ的なできごとや記憶に晒され続けているのであり，ときに，自分自身で対処することのできない，いわゆる予測モデルを突破して侵入してくる想定外のサリエンシーは，トラウマ記憶となって私たちの内奥に冷凍保存されるのである。

しかしながら筆者は，私たち人間が常時サリエンシーに晒されざるを得ない，そしてサリエンシーが私たちの心に傷（トラウマ）を残すからといって，ごく一部のケース（たとえば，乳幼児が養育者から長期間にわたって虐待を受け続けるなど）を除いて，トラウマやASD・PTSDが解離を起こすトリガーになるとは考えていない。

これに対し，心の専門家のあいだでは――前に引用した臨床心理士の言明のように――，解離が，トラウマという心の苦痛または生の危機的状態からわが身を守る防衛機制だというお決まりの物語（クリシェ）が流通している。心の専門家は，症状という複雑な事象を縮減するために分類的，当てはめ的な思考を好む傾向があるため，クライエントを前にして認識しやすいフレーム・物語を作り出すことが少なくない。そのときに必ずといっていいほど持ち出されるのが防衛機制という思考法なのである。防衛機制として有名なのは，「抑圧（repression）」や「昇華（sublimation）」

や「退行（regression）」等々であるが，解離や多重人格も例外ではない。

　ところが，よくよく考えてみると（ASD・PTSDを含め）トラウマと解離とは，同一次元で捉えられるものであるどころか，まったく別の現象にすぎない。筆者は虐待による心の傷（トラウマ）を否定しているのではなく――それどころか，筆者は前述したように，汎トラウマ主義を標榜している――，こうしたトラウマと解離を世俗的な推理ドラマのように，短絡的に結びつけないだけである。

　筆者のように，一方で汎トラウマ主義，すなわち私たち人間は生まれてから一生のあいだ，サリエンシーのせいで傷だらけの人生を送るとする立場を表明していることと，数え切れないほどの心の傷（トラウマ）が自分の心を自分から解離させるということとはつながらない，と捉えることもできるのではないか。

　ではどうして，心の専門家（特に，精神分析家）は，トラウマと解離を短絡的に結びつけてしまうのか，正確には結びつけたいのか（結びつけることを欲望するのか）。彼らの欲望を分析すると，それは，人間が耐え難い状態に置かれたとき，それからわが身を防衛する何かを想定したいということに尽きる。これがいわゆる自我や精神の防衛機制なのである。

　ところで，自我や精神の防衛機制は元来，精神分析，正確には，S.フロイトが提唱し，A.フロイトが整理した，自我心理学の根本的な考え方である。防衛機制とは，心理的葛藤が生じた際に，それを減じて心理的安定を保とうとする自我・精神の再適応メカニズムである。防衛機制が一時的に用いられるのは，適応的で健全な対処であるが，偏った防衛が慢性的に用いられると不適応や精神病理が生じるとされている。

　不可思議なことに，精神分析（自我心理学）由来の防衛機制を，精神分析とは直接かかわりのないはずの精神医学・精神病理学・心理学などが支持しているということは，間接的または形式的にせよ，暗黙裡に自我心理学を支持したり受け入れたりしていることになる。今日の精神医学や心理学が，「エディプス・コンプレックス」や「去勢」等々の精神分析の専門語をはじめ，自我心理学そのものを肯定しているとは到底いえない状況であるだけに，自我心理学のベースにある防衛機制（という考え方）だけを特別視しているのは奇っ怪な話である。そして恐らく，自我心理学，ひいては精神分析そのものに対する評価とは別に，心理学や精神医学はプラグマティックな形で防衛機制を受け入れているのだ。その理由は，心理学や精神医学もまた，人間が耐え難い状態に置かれたとき，それからわが身を防衛する何かを

想定したいという欲望に取り憑かれているからではないかと考えられる。

　やや話は逸れるが，最近，心理学分野において「レジリエンス（resilience）」という概念が取り出されている。レジリエンスとは，本来，外力による凹みや歪みを表す「ストレス（stress）」を「撥ね返す力」の謂いであるが，それが転じて，不利な状況に直面しても，正常な平衡状態（バランス）を維持する能力という意味になった。要するに，耐え難い状況や不利な状況に直面しても，そうした状況を撥ね返し，正常なバランスを維持する能力がレジリエンスなのである。確かに，レジリエンスは，科学的根拠，いわゆるエビデンス・ベースドに基づく概念である。ただそれ以前に，心理学が私たち人間の心に，トラウマのような外力による歪みやストレスを撥ね返したり，精神的なバランスや安定を維持したりするような能力が備わっていることを欲望したいからこそ，この概念が誕生し，注目を浴びたのではなかろうか。レジリエンスは，心理学にとって希望の概念であり考え方なのである。

　こうした点では，一昔前の自我心理学出自の防衛機制も，レジリエンスと類似した文脈において捉えられているといえなくもない。心理学や精神分析でなくても，私たちは，耐え難い状態に置かれたとき，心がそれを撥ね返す力，もしくは押し返す力を想定したいのが普通である。レジリエンスを補助線とするとき，精神分析由来の防衛機制が今日でも心理学や精神医学において受け入れられていることを理解することができる。

2. 自我・精神の防衛機制と生体の防衛メカニズム

　しかしながら筆者は，防衛機制についてまったく異なる観点から捉え直すことが必要であると考えている。実は，精神分析由来の防衛機制は，人間に特有のものというよりも，すべての動物に共通する生体システムに由来している。つまり，人間をはじめすべての動物には，自らの生体を守る，すなわち環境からわが身を守る「生体の防衛メカニズム」を有しているのである。

　ところで，生体の防衛メカニズムといえば，外から異物（他者）が自己へと侵入してくるときに稼働する防衛システムのことである。その多くは他の動物とも共通している。まず，人間を含む動物の身体は，外的環境および内的環境（体調）の変化に対し，血液・リンパ球・脳脊髄液といった体液の環境が恒常性（ホ

メオスタシス）を維持している。特に，内外から何らかの攻撃を被ると，それに対応して動物の身体は恒常性を維持するのだ（ホメオスタシスの限界を超えた場合が，身体の炎症，すなわち病気である）。こうしたホメオスタシスに加えて，人間を含む動物の身体には防衛システムとして，反射が備わっている。空気中の異物（花粉・ハウスダスト等々）が身体（鼻・口）に侵入したときに起こるくしゃみや咳，飲食物や唾液が気管に入ってしまうときに（いわゆる誤嚥で）起きるムセや咳込み，目にゴミやほこりが侵入したときに起こる涙や瞬き，熱いモノに触れたときに起こる手を引っ込める動作はすべて，身体を守るための反射にほかならない。ホメオスタシスと反射こそ，人間を含む動物の身体の自衛手段であり，それによって私たちの身体はある一定の安定した状態を保つことができるのだ。さらには，外部から異物（抗原）が入ってきたとき，私たちの身体はその抗原に対し抗体を作ることによって，異物からわが身を守るが，これは，免疫と呼ばれている。いずれにせよ，私たち人間の身体にはホメオスタシスや反射や免疫など，他者（異物）からわが身を守る防衛システムが備わっているのである。

　こうした防衛メカニズム（システム）が人間を含む動物の身体に備わっていることについては，私たちの誰もが疑ったり否定したりすることはできない。こうした事実を基準に据えると，自我・精神の防衛機制はどのように捉えることができるであろうか。

　まずいえることは，防衛機制は，生体の防衛メカニズム（システム）をアナロジカルな形で自我・精神のシステムへと当てはめたものではないかということである。あるいは，精神分析家が自らのモデルや理論（たとえば，構造論）を構築するために，生体の防衛メカニズム（システム）を拡張・転用・加工したものではないかということである。そのように考える理由とは，私たちが身近に起こる物理的なできごとを心理的なできごととして同じように再現していることにある。たとえば，私たちは転んで「骨を折る」という物理的なできごとを「苦労する」という心理的なできごとへと比喩的に用いている。「転落する」であれば，「急激に落ちぶれる」，「投げる」であれば，「諦める」……といった具合にである。心理的，精神的に形のないもの，総じて心の中を表現するためには，物理的に形のあるもの・行為を比喩として転用せざるを得ないのだ。

　だからといって，私たちの身体に物理的（＝生理的）に備わっている生体の防衛メカニズム（システム）を，「骨を折る」／「苦労する」といった言語表現のよ

うに，物理的世界と心理的世界を明確に対応させることができない，自我・精神の防衛機制へと拡張・転用・加工してしまうのは，適切な思考法だとはいえない。物理（物質）的に裏づけのある世界の事柄を，物理（物質）的に裏づけのない，観念や言葉だけの心理的世界へと比喩的に拡張・転用・加工してしまうことは，論理の飛躍の何ものでもない（これ以外にも，ある心理療法では「脱感作」という治療法を用いるが，これもまた，アレルギー科学から拡張・転用・加工した比喩にすぎない）。

このように，自我・精神の防衛機制は，ホメオスタシスや反射などの生体（身体）の防衛システムを自我・精神といった目に見えない心の中（心理的世界）へと拡張・転用・加工したメタファー（比喩）もしくはアナロジー（類推）にすぎないのである。したがって，自我や精神の防衛機制は，物質的，生理的な人体のメカニズム（摂理）に裏づけられることのない，概念的世界だということになる。もしかすると，自我・精神の防衛機制を正当化するために，物理的，生理学的世界から心理的，精神（自我）的世界への「創発」（上位システムは下位システムには見られない，新たなルールを有するがゆえに，前者を後者へと還元することはできない事柄を指す）を密かに持ち込むかもしれないが，N. ガミーが「巨視的レベルの脳の機能的構成単位」と「単純で要素的な心理学的諸概念」，すなわち脳の事象と心の事象とのあいだに深淵なギャップがあることを指摘するように［Ghaemi, 2007 = 2009 : 29］，物理的，生理的世界と心理的，精神的世界，すなわち物質と精神とのギャップを安直に埋めてはならないのだ。裏を返せば，自我・精神の防衛機制は，そのギャップを容易に乗り越えることができるかのように，偽装しているのである。

以上述べてきたように，精神分析出自の自我・精神の防衛機制は，レジリエンスのように，心の専門家が人間の心の中に想定したい能力であることに加えて，否それ以前に，人間をはじめとするすべての動物に共通して備わっている生体の防衛メカニズム（システム）をベースにアナロジカルな形で作り出されたものであることは明らかである。こうした思考法とは，生体や身体に備わっている防衛メカニズム（システム）は，精神や心にも備わっているはずだ，さらには，備わっていてほしい，ということに尽きる。

したがって筆者は，自我・精神の防衛機制を心の専門家の欲望が生み出した仮説だと結論づけることにしたい。もし，防衛機制が仮説であるならば，仮説は実証（反証）しなければならないことになるが，恐らく，その術はない。防衛機制を生み出した精神分析は，科学的根拠に基づくものではないからだ。それゆえ，

防衛機制は精神分析をはじめとする心理学や精神医学のイデオロギーであると捉えることができる。

このように，防衛機制が心理学などのイデオロギー（偏頗な観念）にすぎないとすれば，解離を解明するにあたって，防衛機制をディストラクトして（お払い箱にして）一から捉え直すことに意義があることになる。むしろ，解離を防衛機制と捉えることは，解離を即，トラウマやそれを生み出す原因である虐待・いじめ，暴力などへと結びつけてしまい，解離（広義）のあるがままの様相を捉え損ねることになってしまうのである。もっというと，「解離＝防衛機制」という等式（公式）を前提とする限り，正常の範囲にある（軽度の）解離から疾患・障害や病理の範囲にある（重度の）「解離」，特に「解離性障害≒解離性同一性障害」へと至る，すべての解離（広義）は，自我・精神の防衛機制で片づけられてしまうことになる。「解離＝防衛機制」を前提した時点で，病的な要素を持ち合わせながらも，実に人間らしい独自の世界を開示する解離を，「解離性障害」のような，単なる精神障害と同一視してしまうことになる。そのことは明らかに，解離に対する過少評価なのである。

繰り返すと，「解離＝防衛機制」という前提こそ，大いなる錯覚，もっというと，精神医学・精神病理学・心理学における思考停止の表れ，あるいは思考的怠慢ではないのか。まずは，この前提こそ，疑ってかかるべきなのだ。

筆者は，防衛機制という固陋な先入見を外して解離を捉える手段を発達心理学の知見に求めている。発達心理学の立場からすると，解離は，定型の精神発達のプロセスの中から出現してくる，極めて人間らしい事象であると考えられる。具体的に述べると，この場合の解離は，「想像上の友達（イマジナリーフレンド）」となる。それは，私たちの誰もが子どものときに経験したことある，あの，ぬいぐるみ遊びや人形遊びを起源とする。

あらかじめ述べると，解離としての「想像上の友達」は，防衛機制を前提とする精神医学・精神病理学・心理学では，「解離＝解離性障害≒解離性同一性障害」の亜種といった不当な扱いを受けているが，私見によると，「想像上の友達」こそ，解離の典型であり，正常の範囲の解離はこれに収斂すると考えられる。本書の解離研究は，この「想像上の友達」を中心に展開していく。その前に明らかにしておくべきことがある。それは，「想像上の友達」の主役となるぬいぐるみ，正確には乳幼児とぬいぐるみとの関係についてである。複雑なことに，ぬいぐ

みは，子どもにとって「想像上の友達」になるとともに，母親とのかかわりで特定の役割を担っていると考えられている。前者について論述する前に，後者について論述しておくことにしたい。

3. 防衛機制としての移行対象——ぬいぐるみの正体

　ところで，乳幼児にとってぬいぐるみは，精神分析の立場から「移行対象（transitional object）」と関連づけられる。精神分析家，D.W. ウイニコットの考えを敷衍すると，「移行対象」は，次のように説明することができる。つまり，乳児が母親に絶対的に依存することで獲得し得る全能感——これは乳児が母親への依存によって得る，「自分が何でもできる」，いわゆる自分の能力を過大評価するという感覚であることから「錯覚」以外の何ものでもない——が，しつけやトレーニングの開始を機会に，母親や他者への相対的依存のもと，現実検討力の獲得へと向かうことで「脱錯覚」される。そして，こうした「錯覚」から「脱錯覚」への途上において，乳児が自ら不安や欲求不満などに苛まれるとき，乳児は母親の感覚を想起するためにあるモノに触れる。このとき乳児が触れるモノこそ，移行対象なのである。

　ところで，移行対象となるのは，乳児が肌身離さず持っている非生物の対象，たとえばタオル，シーツ，毛布，ぬいぐるみなどである。全能感という「錯覚」から脱しつつある乳児は，自ら不安を感じたとき，こうしたさまざまな移行対象に触れるのだ。そのことはまた，乳児にとって母親を自分の一部だと見なす「錯覚」から，母親は自分とは独立した存在と見なす「脱錯覚」へと移行することを意味する。精神分析のお決まりのパターンで表現すると，快楽原則の支配する時期から現実原則の支配する時期への移行となる。こうした「錯覚」（快楽原則または主観の世界）から「脱錯覚」（現実原則または客観の世界）への中間領域にあって，両者の橋渡しをするものが移行対象だということもできる。

　いま，本書の主役であるぬいぐるみとの関連で，移行対象に言及した。移行対象についての以上の論述からすると，一見，移行対象は乳児と母親との関係で出現してくるごく自然な概念であるように見える。ところが，精神分析の立場からすると，移行対象は，乳児が母親と離れることに対し不安を感じる時期に出現するものなのである。端的にいうと，移行対象とは，乳児が母親との分離不安に対

する防衛機制である。移行対象は発達心理学の概念ではなく，精神分析の概念であって，青年や成人が何らかの精神疾患を発現した場合，その病因はもしかしたら，当の青年や大人が分離不安期に移行対象を持つことができなかったことにあるかもしれないと捉えるのである（分離不安期の乳幼児が移行対象を持ったからといって，当の子どもが成人したとき，十全な精神発達を遂げることができるとは限らない。逆因果律は成立し得ないのだ）。

　このように，移行対象は，乳児が母親との分離不安に対する防衛機制である。「解離＝防衛機制」とまったく同様，まず先に「移行対象＝防衛機制」という大前提がある。そして，この大前提のもとに，移行対象には細かな"脚色"が施される。ウイニコットの後継者（亜流）は，移行対象を2つに分類している。すなわち，一次的移行対象と二次的移行対象である。この分類に沿うと――乳幼児の発達画期（年齢）に対応して――，一次的移行対象は，感覚的にかかわるモノ（タオルやシーツや毛布など）となり，二次的移行対象は，人格的にかかわるモノ（ぬいぐるみや玩具など）となる。とりわけ注目すべきなのは，ぬいぐるみが二次的移行対象に分類されたことである。勿論，すべての移行対象は，客観的にはモノでありながらも，主観的には生命力を感じさせる存在だと見なされている。ところが，特にぬいぐるみだけは，タオルや毛布などの単なるモノとは異なり，分離不安期の乳幼児に対し，母親の象徴的な代理として親密な話し相手的な存在者という役割を遂行するのである。移行対象の中でも，ぬいぐるみは母親の代理物として特別視されているのだ。分離不安期の乳幼児は，特に，ぬいぐるみに保護される形で主体性や自立性や適度な自尊心などを形成していくのである。

　以上述べたことに関連して，山岸明子は，「二つの時期の想像上の仲間は，どちらも未熟な自我を支える機能をもつという点では共通する」としながら，「第一期の想像上の仲間は移行対象の延長で，分離への不安や葛藤を防衛するのに対し，第二期は家族から同性・同年齢者集団に関心が移ることでもたれる不安や抑鬱感の緩和や，家族に代わる新しいモデルや準拠枠を提供するというように，機能が異なる。」［山岸明子，2017：6］と述べている。なお，山岸のいう「第一期は2歳半から3歳，第二期は9歳半から10歳にかけて」［同前］と対応している。ここで山岸は他の研究者の研究を参照しつつも，移行対象と想像上の仲間（友達）を連続的に捉えるとともに，当の子どもが辛いときや不安なときに精神的安定を与えてくれるものとしてその存在意義を評価している（中には，移行対

象の機能をあわせ持った想像上の仲間をも想定している）。つまりそれは，あらかじめ辛い状況や不安な状況を想定した上で，これらの状況から身を守ってくれる存在が，想像上の仲間だという捉え方である。それは，精神分析の防衛機制以外の何ものでもない。移行対象および想像上の仲間（友達）は，最初から自我・精神の防衛機制の中に組み込まれているわけである。

　以上述べたように，精神分析は，子どもの精神発達のプロセスから出現する事象を何でもかんでも防衛機制として捉えてしまうのである。筆者はこうした精神分析の恣意的な「大きな物語」に回収されない，もう1つの理論的記述を展開したことがある。その理論的記述では，主に，乳幼児にとってぬいぐるみが文字通り，ぬいぐるみとなり，ぬいぐるみ遊びをすることができるのは，どのような発達機序および母子関係に基づくかについて社会学的身体論（人間諸科学のメタ理論）から展開した［中井，2016b：60-79］。

　ここでは最小限に述べると，乳児にとってぬいぐるみがぬいぐるみとなることは，決して自明の事柄ではない。というのも，生まれてまもない乳児にとって世界は，分節化以前，自他未分化の混沌としたものにすぎないからである。ところがその後，乳児の身体は身近な母親の身体との互換の幾度もの反復，そして両者の「間身体的連鎖」によって，自他未分化な「過程身体」から意味と秩序に満ちた「抑圧身体」へとゆるやかに移行することを通して，「第三者の審級」としての「抽象的身体」を内化し，親密かつ安全なテリトリー空間の中で規範の声にしたがいつつも，事物と身体，自己と他者の区別を行うことができるようになる。乳児の身体が「抑圧身体」の水準となるとき，乳児にとってぬいぐるみはまず，事物（モノ）として出現し，その後，「抑圧身体」による意味付与によって家族の一員とか可愛らしい玩具として出現するのだ。裏を返せば，「抑圧身体」の水準にない乳児にとってぬいぐるみは，身体を持った，剥き出しの他者として立ち現れることになる（このとき，乳児にとってぬいぐるみは恐怖や不安の対象となる）。このように，社会学的身体論は，乳児にとってぬいぐるみがIFになるどころか，玩具としてのぬいぐるみにさえなり得ないという可能性を明らかにする。裏を返せば，良好な養育環境にある大多数の乳児にとってぬいぐるみは，文字通りぬいぐるみとしてやり過ごされるか，あるいはそれ以上の玩具（可愛らしい家族の一員）として愛好の対象となっているのである。

　では次に，解離の典型である「想像上の友達」について論述することにしたい。

II

精神発達としての解離
―― 想像上の友達（IF）の発達心理学

1．想像上の友達（IF）とは何か

　私たちの誰もが一度は体験したことのある遊びの1つにぬいぐるみ遊びや人形遊びがある（なお，人形は「想像上の友達」となり得ても，感覚・感触面の欠如から「移行対象」とはなり得ない）。とりわけ，乳幼児期のぬいぐるみ遊びは遊びの定番である。ただ，ぬいぐるみ遊びは少年期（子ども期）を過ぎて青年期，果ては一生続いていくとしたら，病理性を帯びてくると思われる。青年期以降のぬいぐるみ遊びに限って述べると――身近なぬいぐるみ愛好者からヒアリングしたことをもとにすると――，それは，大きく2つのタイプに分けられる。

　1つは，ぬいぐるみの柔らかな肌触り，たとえばオノマトペで巧みに表現された，もふもふ感やふわふわ感などを楽しむというタイプであり，青年期以降のぬいぐるみ愛好者の大半はこのタイプである。このタイプのぬいぐるみライフについては［堀本真以，2016：3-10］に詳しい。以下，このタイプを略して「感触型」と呼ぶ。

　もう1つは，強いていうと，ぬいぐるみそのものの感触よりも愛好するぬいぐるみがあたかも生きているかのように，「想像上の友達（イマジナリーフレンド）」として交流・対話するタイプである。「想像上の友達」の保持者においては，ぬいぐるみが物質として現前化することよりも，自らの内なる他者の"依り代"として実在し，交流・対話の相手になることを優先する。後で紹介するように，「想像上の友達」には目に見えない者さえ「いる」。これは，「想像上の友達（イマジナリーフレンド）型」といえるが，以下それを「IF型」と略記することにしたい。

　次に，いま述べた，ぬいぐるみ遊びの2つのタイプについておのおの詳述していくことにする。

1つ目の「感触型」は，ぬいぐるみ愛好者（当事者）がぬいぐるみを抱っこしたり添い寝したりするなど密接にかかわったり，あるいは話しかけたりするといったタイプである。この場合，当事者は自分が愛好するぬいぐるみの有する柔らかさという物質性，大きく円らな目や優しそうな顔という相貌を五感で享受する（勿論，ぬいぐるみとの遊び方や楽しみ方およびその頻度については個人差がある）。

　これに対し，2つ目の「IF 型」は，当事者が愛好するぬいぐるみの物質性や相貌性を享受する点では1つ目と同じであるが，そのこと自体はあくまで副次的なことにすぎない。むしろこの場合のぬいぐるみは，神霊が示現するときに宿るとされる巨木や巨石などに匹敵する何かに近い。こうしたぬいぐるみは，当事者にとって依り代（憑り代）のようなものである。誤解を恐れずにいえば，それは，当事者自身の分身である。それゆえ，この場合のぬいぐるみは当事者の眼前にいるにもかかわらず，"本体"は目に見えない，すなわち実在しないことになる。繰り返すと，それは何か（ひいては，もう一人の自分）の依り代なのだ。したがって，このタイプのぬいぐるみと当事者のかかわり方や対話は，ぬいぐるみを媒介とする，自分ともう一人の自分とのそれらになると考えられる（この点については後で明らかになる）。つまり，こうしたタイプは，1つ目の「感触型」と比べてはるかに，ぬいぐるみの透明性が増すことになる。

　ところで，いま分類した2つのタイプのぬいぐるみ遊び（広義）のうち，前者が文字通りのぬいぐるみ遊び（狭義）であるのに対し，後者は稀有なぬいぐるみ遊び（狭義）である。実はIFの中には，西原理恵子が描く「いけちゃん」のように［西原理恵子，2006］，当事者以外には目に見えないものが存在する。こうした目には見えないIFの存在は，内外の文献やインターネットなどでは多々確認することができるが，筆者の周りには皆無だという理由で，本書では研究対象から除外することにしたい。

　こうして，筆者は，当事者から見てぬいぐるみ遊び（広義）を，「感触型」と「IF 型」の2つのタイプに分けた。その上で，ここからは，定番のぬいぐるみ遊びではない「IF 型」を中心に論を展開していくことにする。なお，このタイプのぬいぐるみ遊びを論述するにあたって，筆者の長女が乳幼児のときから高校1年生の現在に至るまで「ブーちゃん」という特定のブタのぬいぐるみとかかわり，対話し続けてきた，生粋の IF 保持者であることを打ち明けておきたい。

　これから「IF 型」ぬいぐるみ遊びについて論述するに先立って，あらためて

イマジナリーフレンド（IF）とは何かについて述べておくことにする。前に，IFは文字通りのぬいぐるみ遊びとは異なり，IF保持者にとっての何かの依り代，さらには自分自身の分身だと述べたが，実はIFについてはインターネットのブログ上に，IF保持者自身による「空想上の友達研究」といった本格的な記載がある。次に，IFに関して重要と思われる箇所を紹介することにしたい。

〈いつも空が見えるから〉というブログの制作者，YuKi氏によると（http://susumu-akashi.com/），IFは空想のキャラクター（キャラ）との違いから明確に特徴づけられるという（なお，同ホームページの作者，YuKi氏はIFを持っている人のことを「IF保持者」と呼ぶが，ここではこのネーミングを用いることにした。また，文意を変えない範囲で「です」「ます」調の文体を「である」「だ」調の文体に変更した）。

ところで，YuKi氏によると，IFとキャラクターとの違いについて一般的には，「IFは空想のキャラクターとは比べ物にならないほど現実味のある存在である」とか，「単なるキャラクターと異なり，イマジナリーフレンドは人格をもった存在である」といわれているが，こうした捉え方そのものに意味がないという。というのも，「ときに，キャラクターが，自分の想像を越えて，勝手に動き出した，と話す作家もいる」ことに加えて，「その場合，キャラクターは一個の人格を持つ存在として意識されている」からだ。したがって，「IFの現実性を考えるには，単に人格を持っている，という以上のことを考える必要がある」という。

そこでYuKi氏は，IFとキャラクターの違いを，次の3つの観点から考えていく。

その観点とは，①「主従の関係」，②「活動する領域」，③「生まれ持つ役割」，という3つである。あらかじめ述べると，YuKi氏によるこの3つの観点こそ，YuKi氏自身がIF保持者であることに基づく独自の捉え方であると考えられる。順次，紹介すると，次のようになる。

①「主従の関係」についてまとめると，キャラクターは「絶対的な創造者」としての「作り手」の「空想の産物」であり，「キャラクターは意志を持つ場合もあるとはいえ，あくまで人形」にすぎないのに対し，「イマジナリーフレンドは対等あるいはそれに限りなく近い存在として意識される」ということである。「IF保持者は，IFが自分から生まれたことを認めるが，彼らを人形や物語の駒のようにはみなさず，同等の個人と捉える。」「まれに，対等の関係を越えて，IFが主であり，IF保持者が従の関係になっている場合もあるようである。」

以上のように，キャラクターが作り手の空想の産物であることから「作者＝主／キャラクター＝従」という非対称な関係となるのに対し，IF はその出自が IF 保持者にあるにしても，IF 保持者と IF は同等の個人（対称的な関係）もしくはそれ以上の個人（関係），すなわち「IF ＝主／IF 保持者＝従」という非対称的な関係となる。

　次に，②「活動する領域」についてまとめると，「キャラクターはたいてい，作者が構築した世界の枠内のみで行動する……（中略）……実写化したり，俳優が演じたりして，現実にいるかのように感じさせることもあるが，あくまで，脚本のなかで，決められた物語の枠内で行動する」のに対し，「イマジナリーフレンドは，たいてい日常生活のなかで，現実にいるかのように振る舞い，現実の人間と同じように考え，行動する」ということである。しかも，「その行動にはほとんど制限がない」としている。つまり，「IF 保持者はおもに現実の日常の世界でイマジナリーフレンドと交わり，会話を楽しむ」のであり，「イマジナリーフレンドと会うために架空の世界に入る必要はない」わけである。さらに，「もちろん，IF の住む，ファンタジー世界での活動を考える人も多いが，それとは別に日常的な交わりが必ず存在する」としている。

　以上のように，キャラクターが作者が作り上げた世界（物語）の枠内，すなわちフレームという閉域を活動領域とするのに対し，IF は無制限の行動が可能である現実の日常世界を活動領域とする。IF の活動領域はまず現実の日常生活がベースであって，それにファンタジー世界というもう１つの活動領域が加わることもある。

　最後に，③「生まれ持つ役割」についてまとめると，「キャラクターは，物語をおもしろくするために存在する」のに対し，「イマジナリーフレンドは，多くの場合，IF 保持者を支えるために存在する」としている。というのも，「キャラクターは物語の駒として，作り手が意識的に創造する存在である」のに対し，「イマジナリーフレンドは，意識的に創り出すというより，だれかが危機に陥ったとき，無意識のうちにその人を守り，支えるために意識上に現れる」からであるという。むしろ「それが最初の出会いだ」という。その意味では，「多くの場合，キャラクターは『創る』ものであるが，IF は『出会う』ものだ」としている。

　このように，キャラクターが作者が作り上げた世界（物語）の演出を高めるた

めの役割を担う駒であるのに対し，IFはIF保持者が危機的状況にあるとき，IF保持者を助け，支えるための存在者なのである。そうであるがゆえに，IFはIF保持者にとって「出会う」ものとなるのである。

　YuKi氏が総括して述べるように，「イマジナリーフレンドは単なる人格を持っている存在ではなく，主従の関係，活動する領域，生まれ持つ役割において，現実の人間に極めて近い性質をもっている」のであり，だからこそ，友達や恋愛の対象ともなり得るのである。

　私見によると，このように，キャラクターとの違いをもとに導出された，YuKi氏によるこの3つのIFの特徴は，IF理解およびIF研究において最も秀逸で画期的なものであると判断している。IFの特徴だけをクローズアップすると，IFは，IF保持者にとって同等の個人もしくはそれ以上の個人，すなわちIF＝主／IF保持者＝従でさえあるということ，IFの活動領域はまず何よりも，行動が制限されない現実の日常生活にあるということ（したがって，両者の関係のベースも現実の日常生活にあるということ），IF保持者が危機的状況に陥ったとき，初めて出会うところの，IF保持者にとっての救済者・支え手であるということ，となる。

　以上敷衍したIFの特徴を筆者の長女と〈ぶーちゃん〉との関係に当てはめると，ほぼすべてがそのまま当てはまる。正確には，長女は乳幼児のときから〈ぶーちゃん〉と接しているため，彼女が危機的状況になったとき出会ったのかどうかは不明であるが，この点だけを保留すると，IF保持者の彼女にとってIFの〈ぶーちゃん〉は同等・対等の個人であるし，〈ぶーちゃん〉が通っている〈ぶたごやま中学校〉やそのクラスメートなど架空の世界もあるにはあるが，大半の活動領域はごく普通の日常世界であることに相違ない。両者の主従関係の転倒はないにしても，両者は現実の日常世界において常に同等・対等な個人としてかかわり，対話をしている。

2. 想像上の友達（IF）の発達心理学
　　——自他二重性と自我二重性の発達過程

　では，ぬいぐるみと親密にかつ相互に交流・対話する（あるいは，こうした遊び・活動に没入する）子どもは，どのような理路を辿ってぬいぐるみがIFに値す

る存在となり得るのであろうか。そのことを説明する手がかりとして，発達心理学者，浜田寿美男および麻生武の「自他二重性／自我二重性」に求めることにする（この考え方に関して浜田と麻生は相互補完的であることから，本書では併用したい）。

(1) 自他二重性／自我二重性

　乳幼児がぬいぐるみと親密にかつ相互に交流・対話している場面を思い浮かべてみたい。すると，こうした場面はふり遊びやごっこ遊びという点で空想・想像の交流・対話にすぎないと見なされるかもしれないが，形式的にはそれは，言葉を交わすことを通した自己と他者のかかわりと同型であり，何ら変わりはない。しかも，浜田が述べるように，「この自他の対話の渦中に身をおいて言えば，それは〈話す－聞く〉という行為であって，……能動－受動のやりとりの一つである。……自分が〈話す〉という能動が，相手にとっては〈聞く〉という受動となり，また相手が〈話す〉という能動が，自分にとっては〈聞く〉という受動となる。」[浜田寿美男，1999：206]。

　そして浜田は，「自－他は能動－受動をやりとりするその二重性において一つの対という単位を構成する」[同前]わけであるが，こうした自他の関係のことを「自他二重性」[同前]と呼ぶ。

　さらに浜田は，「声を出して話を交わす外の自他二重性の回路に加えて，それにぴたりと重なるかたちで内側の回路がまわっている。それを自他二重性に対比して自我二重性と呼ぶことにする」[同前：219]としている。

　私見によると，浜田の「自他二重性／自我二重性」という対概念は，L.S.ヴィゴツキーをはじめとする発達心理学が規定するところの，「外言／内言」という対概念に対応している。ここで「外言」というのは，他者に向けて使用される，いわば耳で聞くことのできる音声言語であり，主に意思伝達の道具としての機能を果たす。これに対し，「内言」というのは，音声を随伴しない，いわば耳で聞くことのできない，自己自身に向けての内的言語であり，主に思考の道具もしくは心の表象（表現）としての機能を果たす。外言は他者に向けての伝達機能，内言は自己に向けての思考機能や表象機能という特徴の違いから，前者が形式面（文法・構文）と内容面（意味内容）において他者が理解できるように考慮される必要があるのに対し，後者は自己自身のためだけのものということで形式面と内

容面ともに，簡略化，圧縮化されている。極端にいうと，外言が外・他者に向けての伝達言語であるのに対し，内言は内・自己に向けての沈黙言語であると考えられる。

　ヴィゴツキーによると，個体発生的には，人間が最初に用いるのは，外言だけであるが，その後の精神発達および言語発達にともない，外言／内言に分化していく（外言から内言への端境期に出現するのが，音声を随伴する「内言としての自己中心語」である）。やがて，自己中心語の音声が消失することにともない，十全な内言が成立することになる。

　浜田が提唱する「自他二重性／自我二重性」は，「外言／内言」を，自己と他者（自他）が対話を行う渦中において動態的に捉え直したものである。なぜ，あえて「外言／内言」に言及したのかというと，「自他二重性」の媒介となるのが他者理解，ひいては相互理解を目的とする伝達言語としての「外言」であること，そして，「自我二重性」の媒介となるのが自己自身が思考したり心を表現したりすることを目的とする思考−表象言語としての「内言」であること，といった対応づけを明確にしたかったからである。以下，浜田の「自他二重性／自我二重性」という概念を用いる場合は，常に「外言／内言」の特徴を意識することにしたい。

　ところで，浜田は発達心理学の立場から前述した「自他二重性／自我二重性」という対概念を駆使して，子どもの羞恥心の形成過程を記述している。周知のように，羞恥心とは，自分が恥ずかしいと感じる気持ちのことであり，自らの心の中で生じる気持ち・心性である。羞恥心は他者・社会とのかかわりの中で出現してくるものであるが，他者・社会とのかかわりを通しての，自己が自己自身をどのように感じるかという自己−自己コミュニケーション（再帰的自己）の問題となる。したがって，他者・社会とのかかわりそのものよりも，自己の中で生成する心の様態が主題となる。

　浜田を敷衍すると，**図1**のように，AからEまで5つの段階となる。これらの段階は発達年齢を示すものではなく，発達の理路を抽象的に表現したものである。とはいえ，発達主体について，AとBの段階では乳児，CとDは幼児，Eは子ども・青年と呼び，区別することにしたい。

　まず，Aの段階では，乳児が具体的な他者と出会うが，乳児の内部はまだ構造化されることはない。つまり，この段階は，乳児と具体的な他者との相互的かか

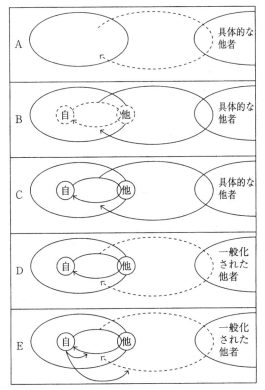

図1 羞恥心の形成過程（自他二重性／自我二重性の発達過程）
［浜田寿美男，1999：263］

わり，すなわち自他二重性の始まりであるが，具体的な他者からの働きかけを乳児が自らの内部に引き込み，自らの心を構造化，すなわち自我二重性を形成するまでには至っていない。たとえ，具体的な他者，特に母親や父親からの働きかけがどれほど強力であっても，乳児はそうした働きかけに応じたかかわり方（自他二重性）も，心の構造化（自我二重性）もできないのである。

次に，Bの段階では，乳児は具体的な他者との相互的なかかわり，すなわち自他二重性が実線で示されるように，安定化するにともなって乳児の内部に「内なる他者」，すなわち自我二重性が形成されはじめる。とはいえ，この段階では内部の「自己」，「他者」も両者のやりとりも点線で示されるように，脆弱で希薄で

ある。

　次に，Cの段階では，自他二重性，自我二重性ともに実線で示されるように，強固になっているが，「目の前に他者がいることではじめて，そこに自他の関係（自他二重性）が成り立ち，それに添って自我内の内なる他者との関係（自我二重性）が成り立つ」［同前：264］ことになる。つまり，幼児にとって向かうべき具体的な他者が眼前にいることが羞恥心を抱く条件となっている。裏を返せば，具体的な他者が不在のとき，幼児は羞恥心を抱かないことになる。その意味でこの段階の幼児は心の構造化が一時的で移ろいやすい。

　次に，Dの段階では，「目の前に生身の他者が存在しなくても，自我内の二重性が独立して成り立つようになったことを示している。」［同前：263］，この段階で初めて具体的な他者が一般化された他者（世間の目）へと変貌する。したがって，幼児は一般化された他者が見えない形で要請する規範に即して自らの羞恥心を形成することになる。一般化された他者とのかかわり（自他二重性）は点線で示されるように，不在であっても，幼児の内部にある自我は，内なる他者との関係（自我二重性）が強固なものとなる。たとえ，特定の誰かが自分に向けて批判や非難を行わなくても，幼児は自発的に羞恥心を抱くことになる。幼児は世間がどのように考えているかを引き込みつつ，自発的に価値判断することができるのである。

　最後のEの段階では，「羞恥心に悩み，その自縄自縛性に気づいていく過程」［同前］を示したものである。つまり，子ども・青年は自らの羞恥心が一般化された他者（世間）への呪縛にあることに気づいて，2つの矢印のように，内なる自己から自他二重性および自我二重性への内省を通して自らを解き放っていこうとするのである。Eの段階は，過剰な羞恥心に呪縛された自己が内省を通して自らを解放しようとすることを示しているのだ。

　本書にとって重要なのは，CとDの段階，正確にはC→Dの過程（移行）である。ただ，AとBは，Cの段階を形成する発達前史として，Eは羞恥心が確立したDの段階が病理的なものへと至ることを示す上で重要である。

　では，浜田の**図1**，特にC→Dの発達過程に焦点化して乳幼児や子どもにとってぬいぐるみがIFとなり得る理路について述べていくことにする。

　ところで，幼児の中でCからDへと「自他二重性／自我二重性」が変化していくとき，すなわち目の前に具体的な他者がいる段階から（目の前に他者が不在とな

り）一般化された他者へと変容していくとき，内なる自我内の二重性（自我二重性）が強固なものとなることが判明した。具体的な他者から一般化された他者へと，他者が抽象化されるとき，幼児にとって自らの心（自我）が根本的に更新されるのだ。次に，再び浜田の図を用いてそのことを幼児が人形遊びをする場面を通して見ていくことにしたい。

　まずは，幼児が具体的な他者である人形と交流・対話するCの段階である。ここで取り上げる人形遊びとは，子どもがある発達画期で行うふり遊びの典型的な遊びであり，本書の主題であるぬいぐるみ遊びに準ずるものである。人形遊びにせよ，ぬいぐるみ遊びにせよ，ふり遊びは遊ぶ主体である幼児が一人二役の会話を行うことで展開されていく。一般に，会話は自分と相手が交互に話す−聞くことの繰り返しから成るが，これらのふり遊びの場合，会話は話し手の自分が話し，聞き手（人形やぬいぐるみ）の自分が聞くといった自他二重性にともなうと同時に，内なる自分が話し，そして聞くといった自我二重性が作動している。当初，人形やぬいぐるみは，幼児にとって目の前に具体的な他者として存在し，幼児と他者との相互的かかわりが起こるのだ。

(2) 乳幼児期における想像上の友達（IF）の誕生とその論理

　これから取り上げる人形遊び（ままごと遊び）は，デューチャン（1歳10ヶ月の幼児Uのこと）が人形相手にコーヒーを飲ませるという遊びを繰り返し行っていたが，そのデューチャンが作ったコーヒーを人形に飲ませようとして自分が飲んでしまい，人形に悔しがらせるというエピソードである。

　図2に示されるように，「自分が『ツクッテアゲルネ』と言う（a）とき，それに対して相手が聞き手として受けとめるであろう思い（b）が，自分自身のなかで意識されている（b'）。また人形の立場から自分が『デューチャンミンナノンジャッタノ』と言う（c）とき，それを現実の自分が聞き手として聞く（d）のだが，そこでは話し手としての人形の思い（c'）が自分のなかでなぞられている。外からながめたものには〈a = b → c = d〉の回路として見える対話が，自分を生きる当人には〈a = b' → c' = d〉の回路として働く。ここには自我二重性が具体的なかたちをとって現れていると言ってよい。ここでは人形を具体的な相手としているのだが，役を交替するごとに，そこに自分を重ねている。それゆえb'とc'の根元にはもう一人の自分，あるいは『内なる他者』をおいているもの

Ⅱ 精神発達としての解離　25

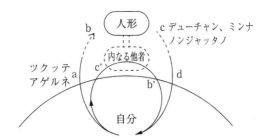

図2　一人二役のことば（自他二重性／自我二重性）
[浜田寿美男，1999：222]

と考えた方がわかりやすい。自我二重性の回路のもう一方の側に『内なる他者』を配備するという構図は，この一人二役遊びあたりから明確になっていく。」[同前：222]。

　この，人形遊びに関するエピソードおよびその分析（引用文）を読んだとき，筆者はよく理解することができなかった。そこで筆者は，図中の「a→b→c→d」，すなわち「a：自分が話す」→「b：相手が聞く」→「c：相手が話す」→「d：自分が聞く」といった自他二重性の回路のことを「知覚回路」と名づけることにした。その上でこうした自他二重性に随伴して内なる自我の中で作動する図中の「b'→c'」，すなわち「b'：内なる自分が聞く」→「c'：内なる他者が話す」といった自我二重性の回路のことを「表象回路」，別名「心の回路」と名づけることにした。後者はいうまでもなく，思いや気持ちなどの心の様態を示す回路の謂いである。あらかじめいうと，知覚回路と表象回路の区別と命名は，Ⅲ章の解離研究にとって有用である。

　このように，「知覚回路」と「表象回路」に二分した上でこのエピソードを筆者なりに分析すると，次のようになる。浜田が述べるように，〈a＝b→c＝d〉は目に見える回路であり，文字通り知覚回路である。この場合，たとえ相手が人形であっても，ごく普通の他者と見なして問題はない。こうした知覚回路においてはまず，幼児は，自分が話し手の立場に立ちつつ相手（人形）に向かってコーヒーを「ツクッテアゲルネ」と「話す」（a）とき，相手（人形）は聞き手の立場からその行為を受けとめる（b）。こうした〈a→b〉という知覚回路と同時に起こっているのは，「もう一人の内なる自分」が具体的な他者としての人形にかこ

つけて「内なる他者」が作動し，コーヒーを「ツクッテアゲルネ」という行為に対し，たとえば「嬉しい」等という思い（b'）を抱くことである（表象回路に属する「嬉しい」は，幼児の表象・気持ちを表しているため，「ツクッテアゲルネ」のような知覚語とは区別して漢字で示したい）。そのことからすると，浜田が前述した引用文の中で，「自分が『ツクッテアゲルネ』と言う（a）とき，それに対して相手が聞き手として受けとめるであろう思い（b）が，自分自身のなかで意識されている（b'）。」という場合の人形の思いを「思い（b）」と表記していることは適切ではないと思われる。というのも，この b はあくまでも知覚回路に属するからである。思いが問題になるのは，b' および c' の表象回路のみである。

　正確にいうと，$\langle a = b' \to c' = d \rangle$ の $\langle a = b' \rangle$ とは，幼児が話し手である自分の立場から聞き手である人形に対し「ツクッテアゲルネ」と声をかけ，聞き手である人形の立場からその声を聞く——幼児における自分と人形の一人二役を演じる——と同時に，そのときの，聞き手としての人形の思いを人形の立場から「嬉しい」等と表して内なるもう一人の自分が受けとめることを意味する。この場合の $\langle a = b' \rangle$ は，$\langle a \to b \to b' \rangle$ であり，$\langle a \to b \rangle$ という知覚回路と $\langle b \to b' \rangle$ という表象回路（心の回路）が接合されたものなのだ。

　重要なのは，「ツクッテアゲルネ」という幼児自身の声が他者としての人形に聞かれると同時に，内なるもう一人の自分が聞いているということである。つまり，幼児が自らの声で人形に話すことが，人形の立場からすると聞くことになると同時に，そうした聞くことをベースにしてそのときの人形（相手）の思いを生み出し，その思いを内なる自分が受けとめている。繰り返すと，「ツクッテアゲルネ」ということを聞く人形（b），そしてそのことを聞いて「嬉しい」という人形の思いを抱く内なるもう一人の自分（b'）——こうした $\langle b \to b' \rangle$ という二重ループにこそ，一人二役の演技としてのふり遊びの本質が見出される。

　そして続く，$\langle a = b' \to c' = d \rangle$ の $\langle c' = d \rangle$ とは，幼児が話し手である人形の立場から聞き手である自分に対し，「デューチャンミンナノンジャッタノ」と声をかけ，話し手である人形の立場からその声をかける——幼児における人形と自分の一人二役を演じる——と同時に，そのときの，話し手としての人形の思いを人形の立場から「悔しい」という気持ちを内なるもう一人の自分が受けとめることを意味する。この場合の $\langle c' = d \rangle$ は，$\langle c \to c' \to d \rangle$ であり，$\langle c \to c' \rangle$ という表象回路（心の回路）と $\langle c \to d \rangle$ という知覚回路が接合されたものなのだ

（人形遊びは，〈a → d〉という理路を辿ることから，〈a = b'〉と〈c' = d〉は，知覚回路と表象回路との順序が逆になる）。

　重要なのは，「デューチャンミンナノンジャッタノ」という人形になりきる幼児自身の声が他者としての人形として話されると同時に――人形らしい声や語り口（口ぶり）を含めて――，内なるもう一人の自分が内なる他者に対し内言するということである。つまり，幼児が人形の声や語り口で自分に話すことが，自分の立場から聞くことになると同時に，そうした話すことをベースにしてそのときの人形（相手）の思いを生み出し，その思いを内なる他者に向けて内言するのである。繰り返すと，「デューチャンミンナノンジャッタノ」ということを話す人形（c），そしてそのことを人形の立場から「悔しい」という思い，内なる他者に向けてその悔しさを内言する内なるもう一人の自分（c'）――こうした〈c → c'〉という二重ループにこそ，前述の場合と同様，一人二役の演技としてのふり遊びの本質が見出される。

　繰り返すと，人形にかこつけて生み出した「内なる他者」から「内なる自分」に向けての，このb'は，内なる自我，すなわちもう一人の「内なる自分」が人形の立場に立って「嬉しい」などといった人形の思いを語ったものなのだ。この時点で目の前にある具体的な他者としての人形は，幼児の「内なる自分」に対する「内なる他者」へと置き換えられている。だからこそ，幼児は，人形の立場からコーヒーを「ツクッテアゲルネ」に対する人形の「嬉しい」等という思い（b'）を抱くことができるのだ。ここまでが「a = b'」の意味である。

　そして次に，「内なる他者」を介して人形の「嬉しい」という思い（b'）を汲み取ったはずの幼児は，こうした人形の思い（b'）を裏切るかのように，今度は，人形を話し手の立場に立たせた上で，人形に「デューチャンミンナノンジャッタノ」といわせている（c）が，このときの人形の「悔しい」といった残念な思い（c'）を内なる「もう一人の自分」は人形の立場に立って「内なる他者」に向けて内言している。なお，人形遊びを示す**図2**は，**図3**へと一般化して示すことができる（実質的には，**図2**と**図3**は同じである）。

(3) 青年期以降における想像上の友達（IF）の誕生とその論理

　前節では，浜田の図に即して乳幼児が人形遊びの渦中で体験していると考えられることを「自他二重性／自我二重性」の観点から詳述した。この場合，乳幼児

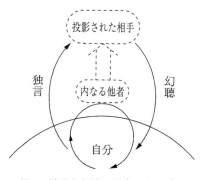

図3 独言と幻聴の発生メカニズム
[浜田寿美男，1999：226]

は目の前に具体的な他者としての人形がいる場合，すなわち**図1**のCの段階でのふり遊びであるが，その後，乳幼児は目の前に具体的な他者がいない場合，すなわち一般化された他者との交流・対話を行うことができるようになる。繰り返すと，こうしたC段階からD段階への移行は，乳幼児にとって精神発達の飛躍となる。

　ところで，浜田は，こうしたC段階からD段階へと子どもの精神発達が飛躍的に発達するプロセスについて次のように述べている。「声を出しての対話（自他二重性）からはじまって，そこにはりついていた内的な自我二重性がやがて自他二重性を離れて自立し，一人歩きをしはじめる。こうして相手が目の前にいなくても，一人で内側の対話の回路をまわすことができるようにな」[同前：227]るのである。「一人で内側の対話の回路をまわすことができるようにな」ると，人形がぬいぐるみといった具体的な他者がいなくても，一人で対話をすることができるようになる。このときの対話が，独り言（独言）や幻聴などの内言であろうと，相手が不在のときに綴る手紙やメールであろうと，内なる自我は内なる他者と十全に対話することができるのである。このとき，対話相手はファンタズム（後述）で良いことになる。

　しかも，C段階からD段階への移行プロセスで起こるように，「現実の生身の他者と自分が交わす外的な対話（自他二重性）の世界の広がり……［すなわち］対人関係の広がりや外的対話の膨大化・精緻化に比例して，内的対話の世界もふくらみ，また精緻になっていく。」[同前：227-228]。ヴィゴツキー風にいえば，

外言の膨大化・精緻化は，内言の精緻化につながるのだ。

　こうして，C段階からD段階への推移の中で，乳幼児の中に確固とした自我二重性，すなわち〈自己−内なる他者〉といった自己内対話もしくは自己−自己コミュニケーションが作動するのである。「他者とは直接かかわらない一人の場面においても，内的回路は独自にまわりつづける。……ここには他者はいない。しかし内側の回路は断ちようもなく，めぐる。」[同前：232]，そのことを浜田は「『私的な世界』の登場」[同前]と名づけている。

　再度，羞恥心の形成過程を描いた**図1**のEの段階を見ると，当事者（子ども・青年）は見えない世間の価値規範としての羞恥を直に提示されなくても，内なる自己（自我）によって強く意識しているため，すなわち自己は内なる他者と自己内対話することによって自然に羞恥心に囚われ，苦悩することになる。この場合の主役は，自己と内なる他者との閉じられた世界，すなわち「私的な世界」なのである。

　以上のような発達過程を辿ることによって，乳幼児は目の前に具体的な他者が不在であっても，すなわち自他二重性はなくても，これまでの対人関係の蓄積で培ってきた，精緻化された自我二重性をもって対話（自己内対話）を行うことができるようになる。たとえ，その対話が独言や幻聴など病理的なものであっても，それは「私」が発達したことの結果として生じることにほかならない。裏を返せば，人間がうつ病などの心の悩みや苦痛を習い性とするのは，こうした自他二重性の拡張化・精緻化にともなう，自我二重性の精緻化の成せる業なのだ。

　そのことはともかく，乳幼児は子ども・青年，そして成人へと発達することによって——前述した，C段階からD段階への推移——，自分と相手とのかかわり（＝自他二重性）の豊富化およびそれにともなう，自分と内なる他者（＝自我二重性）の豊富化（**図4**），そしてやがて，自己内での，自分と他なる他者（自己内対話もしくは内言）の独立化（**図5**）へと至る。このとき，当の主体は，**図5**に示されるように，自分と相手との具体的なかかわりから離れて——両者の相互的なかかわりなしに——，自我二重性のループが成り立つのである。そのことは，当の主体が精緻化された自我二重性（自己内対話もしくは内言）を習得したことを意味する。

　そして，精緻化した自我二重性を身につけた子ども・青年がIFとのかかわり

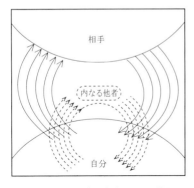

図4　自我二重性の自立と言語装置の
　　　膨大化・精緻化
　　　　　　［浜田寿美男，1999：226］

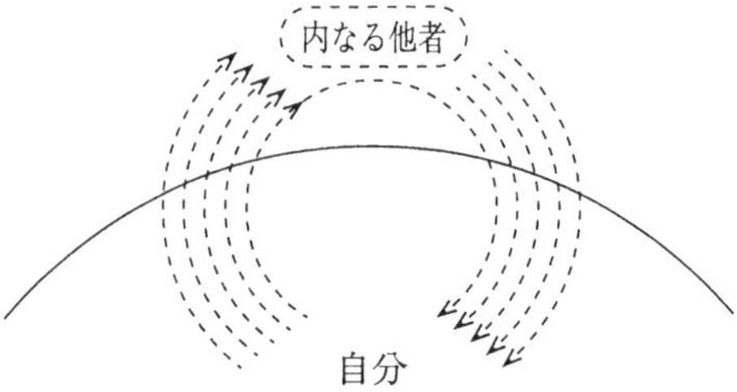

図5　内的な回路の独自の展開
　　　　　　［浜田寿美男，1999：232］

で行うことが，図6のように，自我二重性における「内なる他者」を外にある（いる）「他者」に向けて投影することである（図6の説明について浜田の解釈と筆者の解釈は異なっていて，転釈と呼ぶことが相応しい）。つまり，子ども・青年は，人形やぬいぐるみなどのIFを依り代として「内なる他者」を投影するのである。このように，IFはIF保持者の「内なる他者＝もう一人の自己」の依り代となるわ

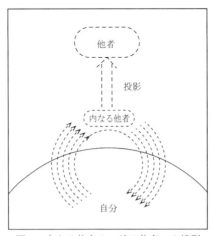

図6　内なる他者の，外の他者への投影
　　　　　　［浜田寿美男，1999：250］

けであるが，こうした IF とは，空想物，すなわち「ファンタズム（phantasm）」と呼ぶことがふさわしい。ファンタズムとは，「幻想・幻影・幻覚」，「空想の産物・所産」，ときには「幽霊」などを意味する。そして，IF 保持者は，自らの IF とかかわり，対話を交わすのである。ここでいうかかわりとは，IF 保持者と IF とのあいだで相互に知覚すること，すなわち相互知覚を意味する。

　ところで，前に参照した YuKi 氏は筆者のいう「相互知覚」を「共同知覚」と呼んでいるが，「共同知覚」は大人と子どもの関係（特に，母子関係）の「共同注意（joint attention）」を想起するため，この概念を避けるべきでないかと考えている。というのも，「共同注意」は，脳科学辞典で定義されるように，「大人がいる時に乳児が見てほしいものを指さす（指さし行動），大人がある対象物を見てそれを乳児も見る（視線追従），乳児がある対象に対する評価を大人の表情などを見ることで参考にする（社会的参照）などである」というように，「指さし行動」－「視線追従」－「社会的参照」といった，子どもがある発達目標を達成するために大人によってプラニングされた，行動（学習活動）の順序および行動内容の配列（シークエンス）が埋め込まれているからである。IF 保持者から見て IF は，「共同注意」とはかけ離れた，文字通り，相互的な知覚を通してのかかわりであることから，本書では「相互知覚」という言葉で統一することにしたい。したがって，IF 保持者と IF とのかかわりという場合はすべて，両者の相互知覚を意味する。

　ところで，この場合，依り代となる他者はどのようなものでも良いわけではない。たとえば，家具類や果物など非人称的なモノはふさわしくない。内なる他者の依り代となり得るのは，人間や動物などに似せたモノ（ファンタズム）こそふさわしい。

　ところで，ふり遊びやごっこ遊びに分類される，乳幼児の IF との交流・対話（端的には人形遊びやぬいぐるみ遊び）と，子ども・青年・成人の IF との交流・対話は同一のものなのであろうか。そのことを考えるにあたって手がかりとなるのは，次の点である。つまりそれは，前者と後者が異なるのが，目の前に具体的な他者（人形やぬいぐるみ）が現前するかしないか，そしてそのことに反比例して自我二重性が精緻なものであるかないか，ということである。要するに，前者と後者の決定的な違いは，自我二重性の精緻化の度合いに帰着する。このことに関して浜田と同じ考え方をとる麻生は，次のような瞠目すべきことを述べている。

「幼児期の一人二役の会話や,『想像上の友達』は,現実の他者とのコミュニケーションすなわち外言が,内化して内言になる途中のプロセスと考えることもできる。だが,一人二役の会話を行ったり,『想像上の友達』をもつのは,必ずしも幼児ばかりではない。大人も一人二役の会話を行ったり,『想像上の友達』をもつことができる。それらは,外言が内言に内化する途中のプロセスに見られる現象というよりは,いったん内側に成立していた『内なる他者』との内的対話(内言)が,逆に外の世界に追い出されて外言化するプロセスに見られる現象のように思われる。……『想像上の友達』とは,外の世界に投射された『内なる対話相手』に他ならないと述べたのは,そのような意味においてである。」[麻生武, 1996:206]。

この論述で重要なのは,乳幼児期におけるIF(図2または,図2を一般化した図3)と,それ以降の発達画期(青年期～成人)におけるIF(図6)は,見かけ上は同一に見えるにもかかわらず,IF保持者とIFとのかかわりの強度が異なるということである。こうした,両者における,IF保持者とIFとのかかわりの強度の違いは,自他二重性および自我二重性の成熟度(他者・自己経験の度合い)の違いだと考えられる(そのことはすでに図4と図5として示した)。

これら図3と図6の差異として示されるように,乳幼児期におけるIFからそれ以降の発達画期(青年期～成人)におけるIFへと至るまでにIF保持者は,何度も反復されるさまざまな他者とのかかわり,そして,こうした豊富な他者とかかわりの中での,自己と内なる他者(もう一人の自己)とのかかわりを経験するのである。

いま述べたことを外言・内言で整理すると,乳幼児期までのIFが外言→内言という発達プロセスの途上における現象であるのに対し,子ども期・青年期,さらには成人期以降のIFは,確立された内言をベースに再度,外言化される現象(内言→外言),正確には内なる対話相手が外の世界へと投射された現象だということができる。端的にいうと,乳幼児期を境に,外言→内言,内言→外言という具合に方向が逆転するわけだ。

さらに,「自他二重性/自我二重性」という対概念を用いて述べると,乳幼児期までのIFが自他二重性の拡張化・精緻化の過程で自我二重性(特に,「内なる他者」)が生み出されてくる途上で出現する現象であるのに対し,乳幼児期から子ども・青年,そして大人のIFはより一層自他二重性が拡張・精緻になった結

果，自我二重性が精緻化され，「内なる他者」が外の世界へと投射された現象である，ということになる。「内なる他者」が外に存在する人称性を帯びた，何らかの依り代こそ，IFということになる。このうってつけの依り代が人形であり，ぬいぐるみなのだ。繰り返し強調すると，人形やぬいぐるみは同一の客観的な対象（物質性を帯びたモノ）であっても，それと交流・対話する人間の内面は著しく異なる。

さらに，麻生は「そのように外界に投射された『想像上の友達』がなぜある種のリアリティ感をともなって現象することができるのか」［同前］と問いかけ，一人二役の会話や独言をすることと，想像上の友達を持つことの相違から「『想像の他者』が存在しているというリアリティ感があるから」［同前］だと解答している。

ここであらためて，想像上の友達（IF）がIFとなり得る条件，ひいては子ども・青年・大人においても依り代となり得る条件とは何かについて麻生の考えに沿ってまとめていくことにする。

麻生は，「想像上の友達（IF）」のトータルな生涯発達的な研究を構想する中で，幼児期（第Ⅰ期），児童期（第Ⅱ期），思春期・青年期（第Ⅲ期），老人期（第Ⅳ期）のおのおのに登場するIFの特徴について言及している。生涯発達上，その都度登場するIFについて重要な事柄をまとめると，次のようになる［同前：125-133］。

① 幼児期（第Ⅰ期）のIFは，その後（生涯発達上）すべてのIF現象のルーツとなる。
② 児童期（第Ⅱ期）のIFは，日常的な世界や日頃の遊びの世界に近いこと，IFを持つことに対し，不安を抱くことはほとんどない，IFを持っていることが秘密にされるようになる（親に気づかれないような形で，ひっそりと所有される）。
③ 幼児期（第Ⅰ期）のIFと児童期（第Ⅱ期）のIFを比べると，大人になったとき，前者が忘却されてしまうのに対し，後者は最低，その一部の記憶を呼び戻すことができる。
④ 上記③と同様，両者を比べると，前者がしばしば家庭内でオープンな方で持たれるのに対し，後者は家族の者にも秘密にされる傾向が大きくなる。

⑤思春期・青年期（第Ⅲ期）のIFが、"私的な"誰にも知られることのない心の中の内面世界を持っているという意識が青年にはあるが、その内面世界を知っているのは秘密の他者であるIFだけである。周囲の現実の他者が誰も知覚できない秘密の幻想世界を一人で支えていることに対する不安を抱いている（IFを持つ青年は自分が精神異常ではないかという不安を抱くことがある）。秘密の中の秘密を親密な他者（IF）と共有したいという、他者に対するエロス的な気分を青年が持っている。

⑥老人期（第Ⅳ期）のIFは、これまでの発達画期に見られないような特徴、すなわち亡き人の霊や神や仏といった（想像上の）人格的存在が私（私たち）に語りかけてくれたり、見守ってくれたりするという意味において、十分に「想像上の友達（IF）」と呼ぶにふさわしい現象となる。

こうした生涯発達的プロセスにおいてその都度登場するIFの特徴を整合的に捉える上で麻生が提唱する「実在性／現前性」の分離という法則性が役立つ。ここで「実在性」というのは、「本人がその『想像上の友達』を『実在する』と確信している度合いのこと」［同前：204］であり、「現前性」というのは、「その『想像上の友達』がその本人の前に現前する時の、感覚的リアリティ度のこと」［同前］である。しかも、「実在性」と「現前性」とは逆相関という関係にある。いわゆる、両者はゼロサムゲームとなる。

この対概念に沿って本人にとってのIFの変遷を見ていくと、幼児期と児童期のIFは、本人（乳幼児）にとって目の前にいるIFの姿が目で見えて、その声が耳で聞こえて、その皮膚が手で触れることができる具体的な他者（相手）であることから、現前性は極めて高いことになる。

これに対し、思春期・青年期のIFは、前述したように、本人（青年）の内なる他者が外の依り代に投射されたもの、すなわち麻生のいう「外の世界に投射された『内なる対話相手』」であることから、乳幼児と同様、交流・対話する相手となり、依然として現前性は高いが、その一方で内なる他者の依り代への投射が強いため、その依り代はそれ以上の精神的価値を持つことも考えられる。したがって、思春期・青年期のIFは、現前性は高いが、乳幼児期ほどではなく、その分だけ、実在性、すなわち依り代としてのIFを超えた精神的価値——依り代を超えて溢れ出た超越性——が高くなると思われる。現前性が若干低くなった

分だけ，実在性（超越性）が高まるのだ。

　老人期になると，今度は，本人（老人）にとってIFの実在性は極めて高くなる。つまり，「"神様"や"仏様"といった存在も，ある種の『想像上の友達』の一種……，"実在性"が高く，"現前性"が低い『想像上の友達』であることが多いように思われる。」[同前：204-205]。神様や仏様こそ，老人にとってのIFになり得るのだが，それはあくまで「高い"実在性"と低い"現前性"で特徴づけられる『想像上の友達』」[同前：205] なのだ。しかも，「"現前性"と"実在性"との逆相関は，『幻覚の世界』に完全にトリップしてしまわないための，いわば安全弁となるようなメカニズムである。」[同前]。

　ところで，具体的な相手がIFとなり得る乳児期と幼児期，超越的な——その意味で抽象的な——存在（神や仏）がIFとなり得る老人期については，これ以上，説明することは不要であろう。これに対し，思春期・青年期（第Ⅲ期）のIFについては補足が必要である。

　前に挙げた思春期・青年期のIFの特徴は，前述した⑤の通り，3つ挙げられるが，これらの特徴はすべて，この画期のIFが青年が内なる他者を外の世界に向けて投射したことに基因する。青年が自ら「もう1つの自己」を外に向けて投射する限りにおいて，その行為は本人の恣意に委ねられるのだ。だからこそ，その行為は本人にとって自由な営みとなる。ところが，本人からすると，投射する対象，すなわち依り代は何であっても良いことを意味しない。この点について麻生は，「『想像の他者』の第一の機能は，対話を行いコミュニケーションを維持すること」[同前：207] から，それは，コミュニケーションのイメージをリアルに保持することのできるIFであることが求められる。裏を返せば，IFは「同じイマジネーションの産物であるといっても，『想像の椅子』や『想像のりんご』といった『非人称的な対象』の想像物」[同前：206] ではダメなのだ。というのも，私たちはこうした「非人称的な対象」とリアルにコミュニケートすることが困難だからだ（ただ，アニメ好きの少女が「空気」や「はたき」など非人称的な対象に「空気くん」とか「はたきのハリーさん」という名前をつけてリアルな形で交流・対話することができる場合はその限りではないが，こうした場合でも継続的なかかわりにはかなりの努力が必要なはずである）。

　当人（青年）にとって「想像の椅子やりんご」などの非人称的存在がIFとなり得ないのとは裏腹に，同じ非人称的存在であっても，架空もしくは空想上の存

在者については容易にIFとなり得る。つまり、「投射を容易にするための手法の一つは，すでに外界に存在するアニメの主人公や小説の主人公や実物の人物やサンタクロースといったキャラクターを利用することである。いったん，ある『想像の人物』を外に投射して存在させることに成功したならば，その『人物』のリアリティは，自動的に強化されるメカニズムが存在している。」[同前：207]

このように，「自他二重性／自我二重性」および「外言／内言」の発達プロセスの理路において，乳幼児期のIFと思春期・青年期のIFとは根本的に異なるということ，そして，乳児期のIFをベースに生涯発達にともない，その都度多種多様なIFが登場してくるということ，さらに，老人期のIFは神や仏など実在性の高い（現前性の低い）超越的存在者となり得るということが明らかになった。

とりわけ注目すべきことは，自他二重性／自我二重性という対概念に基づく発達心理学の知見に基づくと，青年期以降のぬいぐるみ遊びは，自他二重性（外言）の豊富化にともない，自分の内側に確立した内なる他者が外の世界に依り代（ぬいぐるみやIF）に向けて投射されたものであるとすれば，それは，何ら異常なものではないということである。確かに，自我二重性（内言）の著しい発達にともない，心の中の言葉として独言や幻聴が現前するかもしれないが，その延長上にぬいぐるみ（IF）が登場（再登場）することは何ら異常なことではない。乳幼児期のぬいぐるみ遊び（IFとの交流・対話）と，青年期以降のそれとは区別すべきであるが，乳幼児期から青年期，さらにそれ以降，ぬいぐるみ遊びやIF保持状態が継続しても何ら不思議なことではないのだ。したがって，発達心理学の知見からすると，青年期およびそれ以降のぬいぐるみ遊び（IFとの交流・対話）はごく正常なものなのである。その意味で，ぬいぐるみ遊び（IFとの交流・対話）は青年期以降，不利に働かない。とはいえ，青年期以降のぬいぐるみ遊び（IFとの交流・対話）が精神病理として出現することもあり得ると考えられる。

3. 想像上の友達（IF）とタクシードライバーの幽霊騒動

ここまで，私たちは乳幼児期から高齢期へと至る過程においてIFが出現してくるメカニズムを解明してきた。従来，IFはごく一部のIF保持者に特有の存在であると見なされてきたが，精神発達の観点から捉えると，IFは私たちの誰もが精神発達の画期においてさまざまなスタイルで登場する可能性のあるものなの

である。高齢者にとっての「神様」や「仏様」などは呼び名こそ異なれ，IF が出現したものであると考えられる。人間の一生という長期的スパンで見る限り，IF は IF 保持者に特有のものではなく，さまざまに形を変えて多かれ少なかれ，私たちの誰もが保持する（あるいは，保持する可能性を持つ）ものなのだ。いま述べたことは，IF の理解にとって最重要であることからどれほど強調しても強調しすぎることはない。

　筆者が IF について思索している最中，あるできごとが起こった。それは，東日本大震災の直後に起こったタクシードライバーの幽霊騒動である（この騒動は実際は，3.11 の直後に起こっていたが，それがメディアなどで取り上げられたのはかなり後になってからである）。あらかじめ述べると，これは IF について認識・理解を深めていく上で有力な手がかりとなる。

　ところで，3.11 の東日本大震災後を描いた映画作品の 1 つに〈君の名は。〉がある。この映画は，新海誠監督が製作したもので，2016 年に公開されるや否や，途轍もない集客数を動員し，国民的映画といわれるまでになった。詳細はともかく，この映画が幽霊騒動に関係するのは，次の場面である。周知のように，この映画では主人公である，宮水三葉と立花瀧が入れ替わることを通して隕石衝突による被害から糸守町を守るわけであるが，この映画のクライマックスは，入れ替わっていない状態で 2 人が初めて出会う場面にある。この，三葉が三葉として瀧が瀧として初めて出会うことができたのは，生者の世界（現世）と死者の世界（隠世・幽世）との境界が曖昧になる片割れ時（夕暮れ時）という特別な時空においてである。というのも，本来であれば，三葉は 3 年前の隕石衝突の事故ですでに死んでいるため，瀧と会うことができないからである。そういう 2 人が出会うことができたのは，この，不可思議な片割れ時（夕暮れ時）という超自然的な現象によってであった。たとえ，こうした現象が実際には起こり得ない（小説・ライトノベルによる）空想上の場面設定であるにしても，現実の世界においても生者と死者が幻想（ファンタズム）の中で「出会う」可能性をまったく否定することはできない。こうした可能性を作り出すものこそ，IF であることはもはやいうまでもない。〈君の名は。〉における三葉と瀧，すなわち死者と生者との出会いに匹敵するできごとがこれから述べるタクシードライバーの幽霊騒動なのである。

　ところで，昔から東北地方では，幽霊・妖怪という，この世とあの世とのあわいに存在する中間的な存在を積極的に受容してきた。なぜ，東北地方の人たちが

幽霊・妖怪といった異形の存在を受け容れることができたのかというと，それは，仏教の影響が少ない分，原始信仰としての（本来の）神道が土地に息づいているからであると考えられる。本来の神道にあっては，魂を持った人と人とは対等であり——必ずしも平等ではなく——，こうした人々のつながり（＝結び）が何かを生む。それどころか，魂の自由を通してあの世とこの世を自由に行き来することさえできるのである。そうした意味では，あの世の幽霊・妖怪もまた，この世に来訪して人々とつながりを持つわけである。幽霊騒動が起こったのが，本来の神道が生活の営みに自然に溶け込んだ風土であるということこそ重要である。

　思い起こせば，東日本大震災では，被災者が津波に呑み込まれ，遺体のないまま行方不明になったままのケースも少なくない。こうした場合，残された家族は「曖昧な喪失」を体験せざるを得ない。そして，曖昧さを温存することが，愛する者を失った痛みへの，この地の人の対処法，すなわち回復方法となると考えられる。タクシードライバーを中心に地元の人たちが語る「幽霊を見た」という体験は，心霊写真のような恐怖体験ではなく，2つの世界が曖昧となる境界および幽霊のような中間的存在を消さずに，丸ごと肯定し，死者に対し敬意を払うことの表れなのではないか。

　ところで，このタクシードライバーの幽霊騒動を取材し，論文（卒業論文）としてまとめた工藤優花によると，地元石巻のタクシードライバーたちは「霊魂と直接対話したり，接触したりした」［工藤優花, 2016：4］という。たとえば，「震災から3カ月くらいたったある日の深夜，石巻駅周辺で乗客の乗車を待っていると，初夏にもかかわらずファーのついたコートを着た30代くらいの女性が乗車してきたという。目的地を尋ねると，『南浜まで』と返答。不審に思い，『あそこはもうほとんど更地ですけど構いませんか？どうして南浜まで？コートは暑くないですか？』と尋ねたところ，『私は死んだのですか？』震えた声で応えてきたため，驚いたドライバーが，『え？』とミラーから後部座席に目をやると，そこには誰も座っていなかった。」［同前：5］。工藤によると，このタクシードライバーは大震災で多くの人たちが亡くなったので，この世に未練がある人がいても当然であり，あのときの乗客を幽霊だと確信しているという。そして，いまはもう恐怖心はなく，そういう乗客がいれば，普通のお客さんと同じ扱いをすると述べている（このタクシードライバーもまた，震災で娘さんを亡くしたということである）。

　また，別のタクシードライバーは，季節外れの格好をした20代の男性を石巻

駅で乗せたが，乗車中にその男性が目的地のことで前を指さしたり，会話を交わしたりしたが，途中でいなくなったという。他にも，前述した2人と同様——震災は冬に起こったため——，同じく季節外れの格好をした小学生の女の子を乗せ，車中で会話を交わしたり，降りるときに手を取ってあげたりしたケースや，同じく冬の格好をした青年と会話を交わしたケース（この青年の場合，リボンが付いた小さな箱をタクシーに残していった）など，タクシードライバーたちは「自らが体験した現象を幽霊現象として認知しており，またその対象と対話をして」［同前：8］いるのである。

　科学の立場から客観的に述べると，タクシードライバーが体験する幽霊現象は，大抵，ハンドル操作の必要がほとんどなく，景色も変わりばえしない，単調な道路の走行中に起こることが多い。つまり，同一の刺激が繰り返され，こうした状態に徐々に馴化してくると，感覚遮断が起こり，やがて意識レベルが低下してきて，ドライバーは眠気に襲われる。それでもこうした状況を我慢して運転を続行しているうちに，時間や方向感覚が希薄となり，起きていたとしても知らぬうちに夢心地に陥るのだ。すると，さまざまな空想が湧出されてきて，ファンタズムに没入することになる。空想した表象が知覚現象となって出現するわけである。よくよく考えてみれば，幽霊やお化けが出没するのは，大半の人たちが眠りについていたり，起きていても脳がぼんやりとしていたりする時間帯なのである。したがって科学的には，一般の幽霊現象は幽霊を見る当事者の意識状態に原因があると考えられる。

　しかしながら，このタクシードライバーの幽霊現象は，それとはまったく異なっている。少なくともいえるのは，石巻のタクシードライバーの場合，幽霊（といえる対象）と会話を交わしている事実から単なる生理現象（脳機能の低下）ではないということである。会話を交わすほど意識はしっかりしており，しかも，自ら体験した現象を認知している。同一の体験をしていることからタクシードライバーのあいだでの集団催眠現象を完全に否定することはできないが，どの事例も会話を交わしたり，手に触れたりしているという具合に，あまりにもリアルな体験であることから，こうした体験は単なる錯覚で説明することは困難である。

　タクシードライバーの幽霊現象を調査した工藤自身は，「離れ離れになって会えなくなってしまった両親に会いたい。愛しい彼女に会いたい。忘れない故郷に帰りたい。そんな『無念』の想いを，条件が重なって，タクシードライバーたち

の『畏敬の心』が受け取った。受け取った彼らは各々の感情の推移を通して，怪奇現象を理解してきたのである。したがって，彼らに『わからないから怖い』として発生する恐怖はなく，今ではむしろ受容している。この心の相互作用は，霊の無念さと，タクシードライバーの畏敬の念によって起こったのである。」[同前：19]と捉えている。工藤は，こうした捉え方をタクシードライバーの感情の推移から析出している。敷衍すると，大震災の甚大な被害に対する「悲しみ」と「驚き」→「絶望」→「絶望」の中での怪奇現象→「驚き」と「恐れ」→「畏敬」となる。「つまり，彼らは"絶望"と"畏敬"の板ばさみ状態だったのである。」[同前：16]。

しかも，石巻特有の「"内は内で"の感覚が強い」[同前：20] ことが加わることで，地元のタクシードライバー（年配の人）たちは，無念の想いを抱いて亡くなった人たち（特に，若年層）の霊魂に寄り添いながら，畏敬の心を持って静寂な気持ちで彼らの「意思伝達の媒体」[同前：12] の役目，もっというと「『イタコ』的な存在」[金菱清，2016：81] を担ったのである。一連の幽霊現象とは実は，地元の年配の人たちが若くして亡くなった人たちの霊魂を癒やすできごとなのである。

このように見ると，幽霊と遭遇したタクシードライバーにとって会話を交わしたり手に触れたりした幽霊とは，無念さを持った人格（霊魂）であり，畏敬の対象である。つまり，タクシードライバーたちはこのようなものとして自ら表象した。正確には，彼らは大震災後，地元の年配者として大震災で亡くなった同じ地元の若年層の人たちに対し，憐憫の情を抱いていた。そして，こうした憐憫の情を日々募らせていく中で，彼らの心情を無念さとして表象するようになった。事実，幽霊と遭遇したのが早くても大震災から3カ月後，それ以外は同年の夏あるいはそれよりももっと後になってからという記録は，タクシードライバーたちが無念さという表象を抱くのに月日を要したことを物語っている。そして，後部座席にお客さんを乗せるタクシーという特殊な状況の中で，彼らの無念な想いを幽霊として知覚するようになったのではないかと考えられる。この場合の知覚は，幽霊を依り代とする幻視・幻聴といった幻覚である。多少なりとも，隔離された車中，しかも個室であるタクシーという環境条件が加味されて，タクシードライバーたちは自ら頭の中に表象したこと（彼らの無念な想い）を外の世界に知覚したものと考えられる。

以上のことから考えると，こうした不可思議な体験をしたタクシードライバーにとって，（個々の）幽霊はIFそのものではないかと考えられる。前述したように，発達心理学的には——自我二重性の観点からいうと——，（個々の）幽霊は，自分の内側に確立した「内なる他者」との自己内的対話（内言）の依り代である。形式的には，この事例における幽霊（霊魂）は，青年期以降の人たちが自らの「内なる他者」を外の世界に向けて投射するところの依り代（IF）としてのぬいぐるみや「神様」・「仏様」等々と同じものだと考えられる。

　こうした事例以外にも，IFに匹敵する現象，すなわち空想の対象は多々見られる。たとえば，雪山で遭難したときに突然，目の前に現れて遭難者を救い出すという「サードマン」[Geiger, 2010 = 2014]もIFの1つであると考えられる。繰り返し強調すると，東日本大震災ではなぜ「幽霊」なのかというと，東北が幽霊という中間的な存在に寛容である土地柄だからである。タクシードライバーにとってなぜIFが「幽霊」であるのかは，こうした環境要因（民俗的，宗教的な環境要因）を抜きにして理解することはできない。

　こうして，筆者は，IFがもたらす，空想物（ファンタズム）とのかかわり・対話が発達心理学的に，知覚回路と表象回路（心の回路）のスウィッチングであると捉えた。したがって，IFとのかかわり・対話は，ごく普通の発達プロセスの延長線上に，すなわち自我二重性（内言）の発達——ランナウェイ（暴走）ともいうべき発達——の結果として起こり得るものなのである。それは，正常な発達の過剰として起こり得る異常な現象にほかならない。裏を返せば，IFという，空想（ファンタズム）とのかかわり（相互知覚）・対話は，あくまで正常の精神発達の途上で出現する特別な事態なのである。

　以上，発達心理学の立場から，定型発達をベースとする心理学の知見に基づいて，青年期以降のぬいぐるみ遊びの対象としてのIFが出現してくる機序について述べてきた。そのとき，IFとかかわり，対話する主体の側では，「知覚」と「表象」のスウィッチングが起こることが明らかになった。

　ここまで定型発達をベースとする発達心理学の立場からIFについて論述し，IFの精神病理性に言及してこなかった。なぜそういう戦略を採ったのかというと，それは，前述したように，IFが正常（普通）の定型発達のプロセスの中で，もしくはそのプロセスの結果として出現するごく正常なものだからであることに加えて，序論で述べたように，防衛機制という枠組み（大いなる先入見）をディス

トラクト（契約解除）して，いわばお払い箱にして，一から IF および「知覚」と「表象」とのスウィッチングを捉え直すためである。

　こうした論述を終えたいま，次に，序論で紹介したウィキペディアが記述するような，精神医学・精神病理学・心理学の立場から「解離」について論述していくことにしたい。精神医学をはじめとする，これら専門的な立場における「解離」と，Ⅰで論述してきた，発達心理学の立場における，「解離」としての IF とは，どのように関係づけることができるのであろうか。あるいは，そもそも両者を関係づけることはできないのであろうか。

III

解離する主体と空間的変容・時間的変容と解離の臨床 ── 精神病理としての解離

　序論で述べたウィキペディアの定義がそうであったように，これから精神医学・精神病理学・心理学の立場から解離について論述するにあたって──防衛機制を前提にするか否かは一旦保留にしつつ──，解離（現象としての解離）を「主観性・主体性」の立場から，すなわち解離を，現象学的には〈生きられる〉当事者の「主観・主体」から捉えた柴山雅俊の著書と論文に沿って述べていくことにしたい。柴山以外にも，著名な解離研究者として岡野憲一郎や野間俊一らが挙げられるが，柴山は精神病理学の真骨頂である，当事者の「主観・主体」から解離をアクチュアルに捉えていることから，柴山の著書を手がかりとすることにしたい。

　したがって，ここでの解離研究は，「解離を生きられる」とはどのような事態を意味するかが中心となる。そのことは，II章で筆者が展開した「IFを生きられる」ことと重なってくる。

　柴山によると［柴山雅俊，2010：120-146］，当事者（体験者）の主観性・主体性の立場から解離（解離性障害）を捉えるとき，体験者の状態は異様に変化してしまうという。異様な変化（変容）として特徴的なのは，解離にともなう「空間的変容」と「時間的変容」［同前］の2つである。繰り返し強調すると，この2つの変容は，主観性・主体性における変容なのである。

1. 解離する主体と空間的変容・時間的変容

（1）解離する主体の空間的変容
①私の二重化

　まず，解離にともなう空間的変容から見ていくことにする。ここでいう空間的変容とは，「本来1つのもの（自分）は1つであるが，2つになること」，すなわち「私の二重化」［同前：124-125］である。「私の二重化」とは，「見る私」と

「見られる私」，もしくは「見ている私」と「見られている私」といった2つに分かれることを指す［同前］。

　この私の意識・自己意識が何らかの理由で衰弱・衰退するとき，解離およびそれにともなう「私の二重化」が起こるのである。解離のベースとなるのは，この，「私の二重化（見る私−見られる私）」である。

　この「私の二重化」をベースに，解離（広義）は，図7に示されるように，「離隔」と「過敏（気配過敏）」という大きく2つのタイプに分けることができる。

　そして，この「私の二重化」をベースに，「見る−見られる」もしくは「見ている−見られている」といった関係性を，「見ている私」が「見られている私」を「見ている」状況を作り出すことになる。ここでは，「見ている私」→「見られている私」という方向・ベクトルとなる。それは，次の図8のようになる［柴山雅俊，2012：35］。

　解離の場合，「私の二重化」は，「見る自己」−「見られる自己」というように，知覚の上での自己の分裂となる。解離は知覚の病理として出現する（なお，解離が知覚の病理であることを意識して，「私の二重化」を「見る自己」，「見られる自己」という表現で統一することにしたい）。

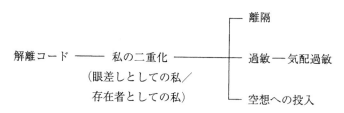

図7　解離のタイプ

②離隔——体外離脱を中心に

　次に，私の二重化をベースに，もう一人の私（＝「見る自己」）が私（＝「見られる自己」）を傍観者のように離れた場所（位置），その多くは上方から見ているということが起こる。「見る自己」が「見られる自己」を冷静かつ客観的に観察することを「離隔」［柴山雅俊，2010：121-122／2012：34-41］と呼ぶ（図8参照）。「離隔」とは，「もう1人の自分が見えたり，現実感がなくなったりする」［柴山雅俊，2012：35］ことである。

Ⅲ 解離する主体と空間的変容・時間的変容と解離の臨床

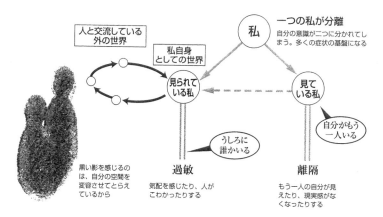

図8　解離：私の二重化／過敏／離隔
［柴山雅俊，2010：35］

「見る自己」が自分の身体の外側，すなわち自己の幻覚（ファンタズム）の側，たとえば天井や上方にあってそこ（その視点）から現実の自分の身体，すなわち「見られる自己」，たとえば，寝ている自分を見ている場合である。つまり，私の身体から私の魂が抜け出て抜け殻になった私の身体を遠くから客観的に見ているような状態である。これを「体外離脱（幽体離脱）」と呼ぶ。

あらかじめ述べると，自分のからだ（肉体）から魂が抜け出ることを意味する言葉として，「体外離脱」と「幽体離脱」という2つの言葉があり，両者は同一の意味である。ただ，「体外離脱」の出自が，R.モンローとC.タートが用いた〈Out of Body Experience〉であるのに対し，「幽体離脱」の出自はイギリス心霊主義，いわゆるスピリチュアリズムの〈Out of Body〉である。筆者はスピリチュアリズムのようなオカルトに傾倒していないことから，科学者が用いた「体外離脱」のほうを使うことにしたい（柴山も，この言葉で統一している）。ただ繰り返し強調すると，両者は同じ現象を指す同義語である（なお，本書の後半で文献として繰り返し引用する脳科学者，池谷裕二は「幽体離脱」を用いているが，その場合は著者の意向を尊重して，この言葉を用いることにする）。体外離脱は，臨死体験やてんかん手術中の患者，あるいは正常の人でも生理的リズムの著しく変化する入眠時（特に，レム睡眠時に起こる金縛りを脳が合理化しようとしたとき）に起こりやすい。それは，自分の魂が抜け出て自分を近くから見るだけでなく，夢の中の世界のよ

うに，外へと出ていき，自由にあちこちを飛び回ることさえある。脳科学では，角回という脳の部位に刺激を与えたり，脳全体の活性化状況下において視覚野だけが活動低下している一方で，運動感覚野が賦活化していたりすると，こうした現象が起こると捉えている。

なお，この場合の「見る自己」のことを「眼差しとしての私」，「見られる自己」のことを「存在者としての私」と呼ぶ。眼差しは常に，「眼差しとしての私」から「存在者としての私」に向けての方向・ベクトルとなる。また，「離隔」もしくは「体外離脱」にあっては，私は周囲世界から切り離されたような感覚になるといわれている。まさに魂が抜け出た状態（脱魂）である。

なお，離隔（体外離脱）と自己像幻視を，脳科学的には同一の脳の部位［＝右脳の頭頂側頭接合部：TPJ］の障害が原因で起こる，同一現象でありながらも，視点の方向だけが異なる（反対になる）と捉える立場がある［乾敏郎，2009：45-47］。つまり，「幽体離脱では視点が自己の幻覚のほうにあり，自己像幻視現象では視点が自己の身体の中にある。」［同前：46］。ただ本書では，離隔と自己像幻視はまったく異なる解離現象であると見なし，両者をペアとしては捉えていない（なお，自己像幻視については後述する）。

③過敏——気配過敏を中心に

解離には同じく，私の二重化をベースにしながらも，「離隔」とは異なる現象がある。それは，「過敏」［柴山雅俊，2010：122-131／2012：34-37］である（**図8**参照）。つまり，「離隔」の場合と同様，私は「見る自己」と「見られる自己」の2つに分離している状態の中で，「見られる自己＝存在者としての私」が自分のうしろに誰かいる，何かいるというように，何らかの気配を感じたり，あるいは人混みの中で人を怖がったりする。実は，「見られる自己」が自分自身のうしろに感じる気配の正体とは，私の二重化によって分離したもう一人の自分である。柴山は自らの著書に「『うしろに誰かいる』の精神病理」［柴山雅俊，2007］という副題をつけているが，解離の典型的な症状とはまさに，この「うしろに誰かいる」事態なのである。この「うしろに誰かいる」の「誰か」が私の二重化によって分離したもう一人の「見る自己」であることに気づかないところに，恐怖や不安が生じてくるのだ（なお，「見る自己」－「見られる自己」の相互性を超える，「見られる自己」の〈背後＝外部〉については，宮沢賢治の『注文の多い料理店』

を通して詳述したことがある［中井,2016a］）。

　ここまで,解離には私の二重化をベースに,「見る自己／見られる自己」という自己分離が起こり,「見る自己」が「見られる自己」を「見ている」場合は,「離隔」であり,「見る自己」が「見られる自己」を「見ている」にもかかわらず,その「見る自己」に気づかない,ひいては私の二重化に気づかない場合は,「過敏」,特に「気配過敏」である,と述べてきた。

　ところで,「過敏」には,「気配過敏」や「他者過敏」の2つがある。

　まず,「気配過敏（症状）」とは,「自分を取り囲む空間に誰かがいる気配をはっきりと感じる体験」［柴山雅俊,2010：126］である。「気配過敏」では,自分を取り囲む空間（テリトリー）に誰かがいる気配をはっきりと感じる体験であり,気配・雰囲気として観取できるが,特定の人物・モノは特定することはできない。この場合の「気配過敏」は,「他者の気配が身近な空間に立ち現れる体験」としての「近位実体的意識性」［同前：127］に相当する。「近位実体的意識性」は,K.ヤスパースが統合失調症の症状として用いた概念である「実体的意識性」を柴山が捉え直したものであるが,この場合のそれは「その確信性に乏しく,気配に妄想的意味づけがなされることはない。気配をありありと感じるのみであり,……認識は容易に訂正される。」［同前］。

　次に,「他者過敏（症状）」とは,「外出したときに『人が怖い』とか『人が多いところが苦しい』と感じる体験」［同前：129］である。前述したように,柴山が「うしろに誰かいる」のを解離現象の典型と考えていることから,「過敏」で最も多いのは「気配過敏（症状）」のほうである。

　以上述べたように,解離とはまず私の二重化が起こる現象であり,「見る自己」と「見られる自己」という2つの自己に分離した上で,常に「見る自己」が「見られる自己」を「見ている」状況を作り出す。こうした状況は,「離隔」と「過敏」に共通したものであるが,ただ,「離隔」の場合,この「見る自己」が顕在化しているのに対し,「過敏」の場合,この「見る自己」は潜在化している,もっというと,隠れている（本人が気づかない,もしくは知らない）という点で異なるということになる。

　「離隔」が体外離脱のように,特異で不可思議な体験であるのに対し,「過敏」は他者・モノとの相互交流の中で起こっているごく日常的な体験である。「過敏」は,私のうしろに誰かいるというように——たとえばお風呂で髪の毛を洗って

いるとき，うしろに何か気配を感じるなど——，ごく日常的な生活の中で生ずるプチ恐怖体験であり，多少なりとも病理的なものとして現出してくることになる。

(2) 解離の時間的変容——内在性解離を中心に

以上見てきたように，解離にともなう空間的変容には，私の二重化をベースに，離隔と過敏という2つの現象が出現することが明らかになった。

こうした解離にともなう主体の異様な変化としては，前述してきた空間的変容に加えて，時間的変容がある。「時間的変容とは，本来なら一貫性が保たれているはずの時間の連続性が断裂している状態」［柴山雅俊，2012：34］のことであり，その症状としては「健忘」，「遁走」，「もうろう状態」，「人格交代」［同前］がある。これらはいずれも，記憶や人格の一貫性がなくなってしまうという事態であり，時間によって自分自身の状態が変容してしまうのである。

「健忘」の場合，連続・持続しているはずの記憶の中に空白のときが当事者とは関係なく介在してくる。「遁走」の場合，当事者が気づいたら知らないところに来ており，自分が誰であるかをわからずに別の人間として生活してしまっている。この場合，当事者は日常的なことを普通に行いつつも，遁走中，自らの記憶を失っているのだ。「もうろう状態」の場合，当事者は文字通り，外界を普通に認知しつつも，意識障害があって物事の全体を把握できなかったり，回復後，起こったこと自体も想起できなかったりするなどする。「人格交代」の場合，当事者は自らの意思を超えて自分の中に複数の人格（人間）がいて，こうした複数の人格が交互に現れる。

解離にともなう時間的変容は，一人の人間は自らの思考や行動などの自己同一性（アイデンティティ）を保持することができない事態を意味する。それゆえ，解離にともなう時間的変容は，空間的変容よりも深刻でかつ重篤なものが多い（時間的変容がともなう解離性障害は，統合失調症よりも人格統合が成り立ちにくい）。つまり，空間的変容が，一人の人間が自己同一性を保持しながら起こる，いわば正常な範囲での病理現象となる可能性があるのに対し，時間的変容は時間が途切れたり，無我夢中になって我（時間）を忘れたりするといったごく一部の軽度の健忘（解離）を除くと，解離性障害という心因性の病気に罹った人にのみ起こる特異な精神病理現象となる。

いま述べた，時間的変容の4つのタイプの中でも，「人格交代」，すなわち「多

重人格障害」と「解離性同一性障害」については精神科医，小栗康平の捉え方が注目に値する。小栗によると，従来，多重人格障害と呼ばれていた解離性同一性障害は，「2つまたはそれ以上の，はっきりと他と区別される自我同一性，またはパーソナリティ状態が存在する」[小栗康平，2014：48]，すなわち前述した「交代人格」が現れる重篤な病である。解離性同一性障害においては，他者に合わせながら穏やかに社会生活を営んでいる中心の「表面の人格」もしくは「基本人格」以外に，それとは正反対に，攻撃的で本音をいう「背後の人格」など平均8～9人の「交代人格」が同居していて，それらが交代で現れてくる［同前：48-49］。こうした「人格交代」，いわゆるパーソナリティのスウィッチングは，人格解離や人格崩壊といった，極めて重篤な障害に分類することができる。

　ところで，多重人格障害が解離性同一性障害へと名称変更されたのは，DSM-Ⅳ（1994年）からであるが，この変更理由は単に形式面の問題からではない。むしろ解離性同一性障害という概念にあるように，それは，同一性の障害，すなわち統一した自己を保持し得ない障害だと見なされるようになったことにある（ただし，WHOの診断基準であるICD-10は，いまでも「多重人格障害」という名称のままである）。小栗は，多重人格障害を外に出てくる「多重人格」，解離性同一性障害を「内なる多重人格」，すなわち「内在性解離」――この名称の前は「内なる人格解離」［小栗康平，2011：20］もしくは端的に「人格解離」［同前］であった――と明確に区別した上で，後者を「別人格が潜在意識下にとどまり，表の意識には出てこない」［同前：129］と述べている。小栗が解離性同一性障害のことをあえて「内なる多重人格」と呼ぶのは，この謂いからである。

　さらに重要なことは，「解離性同一性障害＝内在性解離」という等式が「できてしまうのは，最初の解離が3歳以下の場合だけだ」［同前：128］としている。つまり，「4歳以上で最初の解離が起こったケースはない。基本人格は胎児から3歳以下であり，4歳以上ではじめて大きなストレスを受けたとしても，内在性解離や普通の解離性同一性障害は，（多重人格）は生じない」［同前］と結論づけている。

　小栗は，「私のなかに別の私が生まれるしくみ」，すなわち「基本人格」が何らかのストレスを受ける中で「別の人格（主人格）」を生み出し，それがさらに「内在性解離」，そして「解離性同一性障害（多重人格）」を生み出す機序を図示している（図9参照）。ただ注意すべきことは，図9には解離した別人格が表に出て

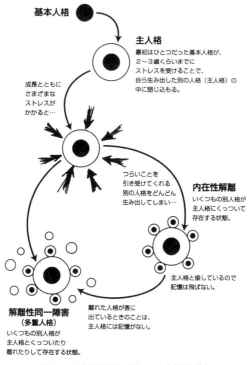

図9 内在性解離（内なる多重人格）
［小栗康平，2014：130］

くる「外なる多重人格」，すなわち多重人格障害が除外されていることである。裏を返せば，心の内側に解離した「もう一人の自分」は複数作り出されても，古くは『ジキル博士とハイド氏』，比較的新しくは『24人のビリー・ミリガン』のように——この余波で幼女連続殺人犯・宮崎勤に対し多重人格精神鑑定が適用されたという経緯がある——，多重人格が表舞台に登場する多重人格障害は稀なのである。

　日本においては，多重人格障害（外なる多重人格）が一般に理解されやすいこともあって——小説や映画などのモチーフになったこともあって——，心身の重篤な病として普及・定着した感があるが，かえってそのことが「内在性解離（内なる多重人格）」，ひいては解離研究を停滞させてしまった。繰り返し強調すると，重要なのは，解離にともなう主体の空間的変容および時間的変容の内実である。

さらに，こうした多重人格障害（外なる多重人格）の影響もあって，前述したように，解離は，養育者とのかかわりの中で乳幼児が被ったストレスやトラウマ，すなわち耐えることの困難な苦しみや悲しみの記憶を自分とは関係のないものだとして切り離すこと，すなわち自我・精神の防衛機制として捉えられてきた。こうして寸断された記憶や体験の断片を基本人格に代替して引き受ける複数の別人格，すなわち内なる多重人格が指定されてきたわけであるが，小栗が臨床経験を通して述べるように，内在性解離（いくつもの別人格が基本人格にくっつく状態）が「できてしまうのは，最初の解離が3歳以下の場合だけだ」ということからすると，子どもにストレスがかかりすぎたからといって，いつでも解離症状が起きるわけではないことになる。

以上のことからすると，II章で述べた「想像上の友達（IF）」をこうした解離性障害，ましてや多重人格障害と安直に結びつけること自体，問題であると考えられる。こうした事情もあって，本書ではぬいぐるみ遊びを起源とするIFとの交流・対話と，解離性障害もしくは解離性同一性障害，その根底にある乳幼児－養育者関係から生じるトラウマやストレスへと関連づけることを避けてきた。したがって，ここで取り上げる解離は，主観・主体における空間的変容だけで十分なのであって，ぬいぐるみをはじめとするIFと，時間的変容をともなう重篤な内在性解離や解離性同一性障害との関連づけは不要だと考えられる。

2. 隠蔽空間と交代人格——柴山雅俊『解離の舞台』を中心に

前節では，解離する主体の時間的変容について述べたが，中でも「人格交代」をともなう重篤な解離，すなわち「解離性障害＝解離性同一性障害＝多重人格障害」——ここでは一般に流通している，「外なる多重人格」としての「外在性解離」か，それとも，「内なる多重人格」としての「内在性解離」かはさておき——は，幼少期に虐待されたり，学童期にいじめられたりした経験のある子どもに起こり得る精神障害だと見なされることが少なくない。一例を挙げると，あるセラピストが列挙するように，何らかの被虐体験は，子どもが酷い状況から自らを防衛するために，自己を分裂させ，ときには「見る自己」－「見られる自己」という離隔，ときには現実から逃避するために，自己をいくつもの人格に分裂させる（と考えられている）。多重人格障害の場合，自己は，中心となる「基本

人格」以外に多くの「交代人格」を作り出すのである，と。こうした捉え方は，自我・精神の防衛機制の最たるものである。

ところで，柴山もまた，解離性障害患者の臨床の中で，多重人格や交代人格に関して独自の理論を構築している。持論を展開するにあたって柴山は，自らが治療対象とする解離性障害は，防衛機制への言及を避けながらも「幼少時の虐待や外傷のため養育環境が劣悪で，思春期以降，度重なる自殺企図や自傷行為が見られ，人格交代や健忘，離人，幻覚，情動不安定などを呈する慢性病態である。対象は主に女性である。」［柴山雅俊，2017：3］と述べた上で，通常の支持的精神療法では対処が困難であることから，独自の治療法を構築しなければならないと明言している。つまり柴山は，解離する患者の主体を交代人格などの時間的変容として捉えるだけでなく，一歩踏み込んで臨床において慢性病態としての解離性障害を治療するための理論を構築していくことになる。

このように，柴山は一連の多重人格ブームとは一線を画しつつ，解離する患者の主体的体験を的確に理解するために作り出したのが「隠蔽空間」［同前：76］という独自の概念である。柴山は図10を提示しながら次のように，図10を説明している。

「隠蔽空間とは単なる想像空間ではない。現実の『いま・ここ』とは区別され，通常は交流が閉ざされている意識から遠い空間である。勿論自己によって操作することもできない。『私』という主体がこの世に現われるとともに，通常の意識の領域から葬り去られた空間でもある。そこには外傷記憶や交代人格が存在する空間である。他者と交流する現実との接点がほとんどないため現（うつつ）の時間は流れず，外傷記憶や交代人格は幻想的に加工される可能性を含む。……現実

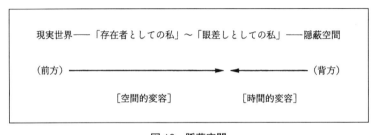

図10　隠蔽空間

［柴山雅俊，2017：77］

世界が意識の背方に主として位置づけられる。空間的変容とは『存在者としての私』と『眼差しとしての私』に分かれる意識変容のことであるが，これらはともに現実世界と隠蔽空間の中間的場所に位置している。」[同前]．

　柴山は，「隠蔽空間」という概念を持ち出すことによって，虐待やいじめ，自傷行為や自殺企図などを病因とする，解離性障害の慢性病態患者の主観的体験がいかに過酷なものであるかを了解するとともに，第三者（私たち読み手）にも何とかして伝えようとしている。とりわけ，印象的なのは，こうした患者の主体にとって離隔や過敏といった解離が空間的変容に限定されず，時間的変容をも含んでいることである。理論的には，たとえば患者が感じている何か（他者）の気配は「見る自己（＝眼差しとしての私）」だけであるが，臨床的には，何か（他者）の気配はそれ以上の要素がともなっているのだ。それは，**図 10** で示されるように，「眼差しとしての私」の背方にある「隠蔽空間」である。「このように普段は意識されることがなく，交代人格や外傷記憶がそのまま保存されている空間，ヴェールの向こう側に切り離された『私』の空間」[同前]を「隠蔽空間」だと名づけた。あるいは，「隠蔽空間」が「さまざまな交代人格が存在し，現実の他者との交流がなく，心的に閉じられている世界」[同前]ということから「第三の現実（third reality）」[同前]だとも述べた。それは空想的な世界というよりも，むしろ私たちにとってリアルな体験なのである。

　柴山は，臨床において解離性障害患者の主観的世界に寄り添いつつ理解する中で，現実世界の対極にある「隠蔽空間」を見出したのである。あるいは，「隠蔽空間」という概念によって初めて彼らの主観的世界を受けとめることができる，ひいては十全に理解することができると考えたのかもしれない。

　繰り返しになるが，「隠蔽空間」を提示した**図 10** は，解離の理論的研究，具体的には解離のタイプを超えて，解離の臨床研究，具体的には解離性障害患者の主観的世界を理解するモデルを示している。空間的変容，特に知覚的レベルでの私の二重化をきたす患者は，空間的変容にとどまらず，時間的変容をもきたし，交代人格などがともなうことが少なくない。解離において，理論と実践（臨床）は必ずしも一致しないのである。

　柴山は治療を行う中で「隠蔽空間」をさらに，個々の患者に応じて「背方隠蔽空間」や「下方隠蔽空間」へと細分化するわけであるが，解離の臨床研究に関心のない，そして解離の独自の治療法に言及する資格のない筆者の場合，これ以上

の言及は困難であり，避けるべきであろう。ただ論理的に，柴山が「隠蔽空間」の構造を展開する中で，たとえば解離性幻聴が耳元，頭の周囲，背方空間から聴こえてくるとか，頭部周辺が隠蔽空間の開口部であるとか，頭部周辺から背方に向かう隠蔽空間には，守護的ないし攻撃的な交代人格が存在することが比較的多いなどというように［同前：85］，「隠蔽空間」という特殊な概念に（それを前提とした上で），さらなる特殊な捉え方を付加することは，臨床研究から析出されてきた知見であるとはいえ，危ういと考えられる。

とはいえ，柴山の近著『解離の舞台——症状構造と治療——』は，2冊の理論書（前著），『解離の構造』および『解離性障害』を臨床において個々の解離性障害の患者と向き合い，理解する中で深めたものであることは相違ない。ただその分，空間的変容が時間的変容をともなうということ，時間的変容の中心が交代人格，すなわち多重人格が積極的に持ち出されているということ，そして，解離性障害の病因が幼少時の被虐体験やいじめられ体験に遡及されることで，解離性障害が慢性病態だと規定されているということを見て取ることができる。ところが，そこには筆者が問題視する精神分析の自我・精神の防衛機制が密輸されていることを確認せざるを得ない。つまるところ，臨床研究においては，解離は，被虐体験やいじめられ体験などをベースとする，酷い状況からわが身を守る防衛機制だという「大きな物語」へと収斂していく傾向が強いのである。柴山の『解離の舞台』は解離研究の金字塔だと評価できる反面，前著に見られた，解離する主体の空間的変容の意義が稀薄になっている。発達心理学の立場から IF が正常な解離（ファンタズムとの相互知覚）であり，それが IF 保持者（主体）の空間的変容であることを見出した筆者からすると，『解離の舞台』のネガティブな側面に言及せざるを得ない。勿論，柴山が IF を「現実からの回避／空想への没入」と捉えることから見て，『解離の舞台』での臨床的展開が筆者の捉え方と齟齬をきたすのは当然のことであるわけだが……。

では次に，IF をめぐる柴山との違いを踏まえながら，これまで別々に述べてきた，発達心理学の立場からの IF 論と，精神病理学の立場からの解離論との関連性を考察していくことにしたい。なお，Ⅳ章以降では，「隠蔽空間」という臨床研究から析出された概念や考え方は保留した上で——防衛機制を解除するという本書の意図に沿いつつ——，解離の理論研究を取り上げることにする。

Ⅳ

想像上の友達（IF）と解離する主体の空間的変容
——発達心理学と精神病理学との対話

　Ⅲ章では，柴山を敷衍しながら，解離が私の二重化，すなわち「見る自己」－「見られる自己」という2つの自己に分裂すること，そしてこれをベースに，離隔と過敏との違いは，「見る自己」－「見られる自己」という自己（私）の分裂という枠組みの中で，前者が「見る自己」→「見られる自己」というように，「見る自己」が主体となって「見られる自己」を知覚するのに対し，後者は「見る自己」が消失し，消失した状況で「見られる自己」が背後や周辺に気配を感じることになる。つまり，前者が「見る自己」が主体として「見られる自己」を「客体」として捉えるのに対し，後者は「見られる自己」が主体となりつつも，「見られる自己」は「見る自己」によって「見られている」ことに気づかないがゆえに，「見る自己」が何らかの気配と化してしまうのである。この場合，「見られる自己」が感じている気配の正体は，フェイドアウトした「見る自己＝もう一人の私」にほかならない。

　柴山が述べるように，解離する主体の時間的変容は，「健忘」，「遁走」，「もうろう状態」，「人格交代」という4つのタイプに分けることができるが，空間的変容の場合とは異なり，自己が自己として成り立たないことから，すなわち「健忘」であれば，ある記憶が消失する，「遁走」であれば，ある行動が消失する，「もうろう状態」であれば，意識が消失する，「人格交代」であれば，「自己＝人格」が複数化して統御できなくなる，という具合に，記憶・行動・意識・人格といったさまざまなフェイズでもととなる自己そのものが分裂してしまい統御できなくなるのだ。したがって，解離する主体における時間的変容は空間的変容と比べてはるかに重篤な病態であると考えられる。Ⅱ章で述べたイマジナリーフレンド（IF）は，解離する主体の空間的変容と関連はあっても，時間的変容とは関連がないと考えられる。というのも，時間的変容をきたすほどの解離であれば，そもそも，IF保持者はIFとかかわり，対話することができないからである。時間

的変容をともなえば,「IF保持者」という言葉そのものが成り立たない(「保持者」には自己が自己である,もっといえば,自己が自己を確証できているという前提がある)。

以上のことを踏まえながら,II章で述べたIFと,離隔・過敏を関連づけることによって「解離(広義)」を統一的に理解することにしたい(正確には,統一的に理解することができる考え方を見出していきたい)。

1. 知覚の病理としての幻覚

ところで,筆者が捉えた「ファンタズムとの相互知覚(IF)」と,柴山の捉えた離隔と過敏に共通していることがある。それは何かというと,両者とも,知覚の病理としての幻覚をともなうということである。しかも両者とも,柴山のいう「私の二重化」,すなわち「見る自己」-「見られる自己」という「自己」についての知覚の病理を前提(ベース)とする幻覚なのである。ここで重要なのは,知覚の病理としての幻覚には,「対象」についての知覚の病理と,「自己」についての知覚の病理という2タイプがあるということである。ただ突きとめると,「対象」についての知覚(感覚)の病理としての幻覚には,「自己」についての知覚(感覚)の病理がともなうわけであるが,柴山が明確化したように,「対象」についての知覚の病理としての幻覚においては普通,私の二重化はともなわない。この場合,普段,知覚(感覚)されないモノが出現するのであるから,それを出現させる自己そのものが異常であるはずだと考えられる。とはいえこの場合,少なくとも,自己が「見る自己」-「見られる自己」という2つの自己に分裂しているわけではない。したがって,幻覚は大きく,2つのタイプに分けることができることになる。

(1)「対象」についての幻覚

いま,幻覚とは,実際には存在しないものを五感や記憶を通して見る・聞く・感じるなどといった,いわゆる知覚(感覚)の異常のことだとすると,「対象」についての知覚の異常もしくは病理としての幻覚は,次のようになる。

1つ目は,狭義の幻覚であり,実際には存在しないものを存在しているように文字通り感覚することである。目の前に存在しないモノを見る場合,幻覚(狭義)は幻視となる。音源となるモノや生物や人間がいないにもかかわらず,物

IV 想像上の友達（IF）と解離する主体の空間的変容

音や生物の音や人間の声を聞く場合，幻覚（狭義）は，幻聴となる。また，実際にはそれほど体臭がないにもかかわらず，自分が発する臭いを過剰に気にする場合，幻覚（狭義）は幻臭となる（自己臭恐怖症）。特に，自分の体臭が周囲に迷惑をかけているのではないか（したがって，自分が他人に嫌われているのではないか）というように，無意識の不安が体臭へと置換される場合，自己臭恐怖症は対人恐怖症となることがある。実際には味がしないのに味を感じる幻味や，自分のからだや皮膚の下に虫のようなものが潜り込んで動き回っているように感じる幻触がある（これはヒステリー症状と類似している。かつて婦人病といわれたヒステリーでは子宮がからだ中を動き回っているような疾患であった）。さらには，幻肢（幻影肢）は，事故などで失ったはずの手足があたかも実在するかように感じる現象であり，幻肢は失ったはずの手足に実際に痛みを感じる現象のことである。このように，幻覚（狭義）は視覚のみならず，五感などあらゆる感覚に出現するものなのである。

　2つ目は，錯覚である。錯覚はごく日常的に起こる現象である。私たち人間は壁のシミや天井の木目などを見ると，そこに人間の顔や幽霊・お化けなど何らかの秩序やパターンを見てしまうことが少なくない。つまり，知覚したものに何らかの意味を付与して見てしまうわけだ。人工的に錯覚を引き起こすものとして錯視図形がある。日常体験する錯視は，脳がその見間違いを是正することができるが，錯視図形は，脳がその見間違いを是正しようとしても是正することができないものである。錯視図形は脳を完全に欺くことができるという意味で驚くべき錯視であるといえる。

　3つ目は，私たちの誰もが普段，体験することの多い夢である。私たちは夢を「これは夢である」というフレームの中で体験しているにせよ，夢では本来実在しないものを実在しているかのように知覚する。したがって夢もまた，幻覚の一種なのである。古代人は夢を神仏のお告げもしくは神仏と出会う機会であると神秘的にかつリアルなものとして解釈していた。本書では詳述は避けるが，夢には，自分がドラマの主役であるかのように，夢の舞台の中心に明確な自分の姿をともなって登場するものがある。裏を返せば，通常の夢では，写真機のカメラ・アイのように，自己そのものは姿を現わさず，視野を通してドラマを見ているはずである。ところが，解離の場合，夢の中に自分の姿が明確な輪郭をもって登場するとともに，そうした自己をもう一人の自己が見ていることが少なくないのだ（こうした類いの夢を見る人の場合，次の朝，起きると，自分自身が知らないうちに電子

メールを送信していた経験があるという。事実，筆者もこうした経験をしたことのある人から話を聞いたことがある）。

　なお，こうした「対象」についての幻覚が現れるのは，統合失調症，躁うつ病などの精神疾患全般，外因性の精神障害（薬物中毒など）と，それ以外に，健常な者が何らかの原因で意識水準が低下している場合が挙げられる。それは前述したように，夢は勿論のこと，過度のアルコール摂取，極度の疲労，病気による高熱の状態などが挙げられる。

(2)「自己」についての幻覚

　前節では，「対象」についての幻覚だけを列挙したが，「自己」についての幻覚，特に私の二重化およびそれをベースとする離隔と過敏が起こるのは，重篤な解離（時間的変容をともなうような，一連の解離性障害）を除くと，それは，何らかの状況で意識水準が低下する場合となる。これから述べるタイプのすべては，意識水準の低下によって自己が２つの自己に分裂した場合もしくは状態であり，ただ異なるのは，そのときの状況だけである。状況ごとに述べると，次のようなタイプとなる。

　１つ目は，入眠時という状況での幻覚である。私たち人間は，寝る直前，意識がぼやけて幻覚を見る傾向が強いといわれている。覚醒の状態から睡眠の状態へと移行する，いわゆる眠りの中へと落ちていくとき，幻覚を見たような感覚に襲われることが少なくないのだ。ただし，入眠時の方が（後述する２つ目の）出眠時に比べてはるかに幻覚を感じることが多い。

　２つ目は，出眠時という状況での幻覚である。私たち人間は，起きる直後，意識がぼやけて幻覚を見る傾向が強いといわれている。睡眠の状態から覚醒の状態へと移行する，いわゆるまだ完全に目が覚めきっていない状態のとき，幻覚を見たような感覚に陥ることがある。前述した入眠時の裏返しになるが，出眠時は入眠時に比べて幻覚を感じることが少ない。

　１つ目と２つ目をまとめていうと，こうした入眠時・出眠時という意識がぼやけた状態のとき，「自己」の統一性がゆらぎ，「自己」についての幻覚が生まれ，そしてそれが，「見る自己」－「見られる自己」という自己の分裂・二重化が起こるのである。離隔と過敏が起こりやすいのは，このような，覚醒と睡眠との境界なのである。

3つ目は、催眠という状況での幻覚である。これは、P. ジャネのように、人為的な催眠暗示状態において生み出された幻覚である。ジャネ自らが治療したイレーヌ症例で例示すると、イレーヌが介護していた母親が死んだ後、彼女はヒステリー発作が出現するようになる。特に顕著なのは、彼女が夢遊病状態の中で母親のリアルな幻影を見ることであった。彼女は、街を歩いているときでも、母親の痩せ細った姿がありありと浮かんでくるその一方で、母親の死んだことの記憶を喪失してしまった。つまり、彼女に起こったのは、夢遊病状態の中での、過剰な記憶想起と、（母親の死に関する）記憶喪失という酷いヒステリー症状であった。こうした症状に苦しむイレーヌに対し、ジャネは、催眠暗示という治療法によって自然な夢遊病状態にある彼女を人為的な夢遊病状態へと導くことで、母親の死の記憶の回復と酷いヒステリー症状の改善を行った（記憶の回復と症状の改善は同時的であった）。

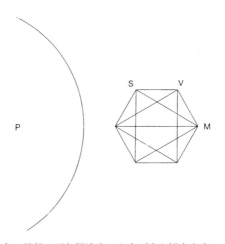

多角形は彼女の母親の死と関連するさまざまな観念を表し、それらは主たる人格（P）から切り離されている。Sは亡くなった母親の顔、Vは母親の声、Mは母親の遺体を運ぶさいの運動の感じを表している。この隔離され、しかし統合されている一集合として観念や記憶が、夢遊症の状態でのイレーヌの奇妙な行動に関わっている（P. ジャネ『神経症』1907年、41頁）

図11 ジャネによる症例イレーヌにおける解離の図解
[Hilgard, 1977=2013 : 24]

ジャネ自身によるイレーヌ症例の分析は次の通りである。ジャネ，そして，新ジャネ派の E.R. ヒルガードが図示して説明するように（**図 11**［Hilgard, 1977：24］，患者（イレーヌ）が健全な状態にあるときは，半円で示される主人格 P だけがあるが，患者が衰弱したとき――前述した，ヒステリー的夢遊病状態での想起記憶過剰にあるとき――，半円の主人格 P の右横に示される六角形システムが主人格 P から解離して，それが際立つことになる。解離においては，半円の主人格 P と六角形システムは分離するのだ。そしてジャネは，この症例にあっては，母の死という記憶表象（高次精神機能）が喪失（忘却）されやすい反面，六角形システムとして示される，感覚・感情（母の死を眼前に体験したときの，視覚・聴覚・運動感覚・触覚，情動や感情など）をともなう強度の記憶表象は「下意識」に残存すると捉える。ジャネは『心理学的自動症』［Janet, 1889 = 2013］の中で「ある種の心理現象が特殊な一群をなして忘れさられるかのような状態」を「解離による下意識」［同前］と呼び，その結果生じる諸症状がヒステリーだと述べている。つまり，患者の高次精神機能が衰弱したとき，それによって制御されていた「下意識」（感覚・感情など）が堰を切ったように湧出してきて，患者をヒステリー症状およびヒステリー的な夢遊病状態に陥らせるのである。こうした症例・症状に対し有効なのは，主に催眠暗示によって，何よりもまず，患者に母親の死の記憶を回復させることである。そのことによってヒステリー症状を招来させる「下意識」が高次精神機能としての記憶表象によって制御されるのである。
　以上述べたイレーヌ症例は，ジャネが催眠暗示治療によって患者が寛解するが，この場合，ジャネは人為的に夢遊病状態を作り出している。こうした文脈（状況）において，前述した主人格 P と六角形システムおよび「（解離による）下意識」が主題化されていることから，ジャネのいう解離は催眠暗示（臨床催眠）の中で語られるべきものなのである。
　さらに，岡野憲一郎が述べるように［岡野憲一郎，2007：14-15］，フロイトが不快な体験（トラウマ）を意識の最下層にある無意識に「抑圧」する，いわゆる「垂直の壁へのしまい込み」としての「抑圧」だと捉えているのに対し，ジャネは不快な体験（トラウマ）のベースとなる神経ネットワーク群（意識の一部）を水平の壁をつくることによって遮断する，いわゆる「電気回路的なスウィッチのオン／オフ」としての「解離」だと捉えている。フロイトの「抑圧」とジャネの「解離」の違いは，「垂直の壁」と「水平の壁」という空間的イメージの差異とし

て説明されることは興味深い。

　さらに，ジャネの催眠暗示とは異なる，解離の独自の治療方法として，D.B. スターンのエナクトメント，すなわち解離の対人化がある［Stern, 2009 = 2014］。それは，解離状態に導いた状況，すなわちトラウマを被ったときの状況をクライエントがセラピストの現前する治療状況で再現する治療法である。トラウマに基因するフラッシュバックは，トラウマ記憶の想起，すなわち再体験であるのに対し，解離はトラウマ記憶でさえ想起し得ないほど，クライエントにとって耐えがたいものであるがゆえに，エナクトメントによって（セラピストを通して）解離を外に向けて，すなわち対人化して再現することが，治療法となる。なお，エナクトメントの世俗的治療法として，祈祷師による心霊治療（小栗康平の「症例 X」），前世療法，ポジティブ三世療法等々がある。

　4 つ目は，意識水準の低下によって当事者の内部に隠れているもう一人の自己を鏡の中など現前に見てしまう現象である，いわゆる「自己像幻視（ドッペルゲンガー）」である。それは自己の分身のようなものである。自己像幻視の場合，「見る自己」が自分自身の身体の内側，すなわち自己の生身の身体にあって，外側にもう一人の自分がいるのを見る（もしくは，いるのが見える）事態となる。大抵，「もう 1 人の自分は，パーソナルスペースとよばれる自分からおよそ 3-4 メートル以内の空間にいる。とくに興味深いのは足が見えず，上半身しか見えないことである。」［乾敏郎，2009 : 45-46］。

　このように，「見る自己」がもう一人の自分を見る，すなわち「見られる自己」を生み出してしまう事態こそ，自己像幻視（ドッペルゲンガー）なのである。離隔との関連でいうと，自己像幻視は，「見る自己」−「見られる自己」の方向は正反対となる（ただし，自己像幻視の場合は，「見る自己」から見て「見られる自己」は上半身しか見えない，いわゆる幽霊のような存在となる）。

　こうした見え方の異様さもあって，かつて，自己像幻視は「影の病」と呼ばれ，死の前兆として恐れられた。それは，肉体から遊離した自分の魂が目の前を横切ってどこかへ行ってしまうものと表象された。ドッペルゲンガーは，文学作品の主役になることがある［山下武，2003］。

　自己像幻視が起こる原因としては，統合失調症，てんかん，薬物中毒，脳腫瘍，熱性疾患などが挙げられる。また，極度の疲労時や入眠時・出眠時にも，自分の分身を見ることがある。また，自己像幻視には，幻視，幻聴，体感幻覚，妄

想，離人症などのさまざまな症状がともなう。なお，自己像幻視には，自己の困難を背負わせる，自分の願いを叶えた代理の存在となる，厳しい現実から自己防衛する，自殺の代償となるといった目的があるという学説もあるが，そもそも自己像幻視が単なる知覚の異常・病理としての幻覚にすぎないことから，過剰な解釈を行うことに無理があると考えられる。とはいえ，自己像幻視は自己自身の精神的なカタストロフィであることには相違ない。

その証左として，自己像幻視の延長上に，「離人症」という重篤な精神疾患を挙げることができる。自己像幻視は離人症へと増悪するといってもよい。離人症とは，たとえばモノの重さを認識できても，その重さそのものを実感できなくなる疾病のことである。つまり離人症は，当事者にとって現実感（リアリティ）が欠如した状態が続く精神障害である。離人症に罹患すると，自分自身，生きている実感（現実感）を持てなくなり，自らが空っぽになると同時に，世界が遠ざかり，平面的なものと感じられてしまうことになる。いわば，自己も世界もすべてが抜け殻と化してしまうのだ。しかも，離人症には現実感が欠如することや痛みに対する感度が低下すること以外に，もう一人の自己が背後にいるというケースが多いが，乾敏郎によると，そのことは脳科学的な根拠に基づくという。つまり，「解離度（離人症の重症度）は右頭頂葉の７ｂ野の活動ときれいに相関しているのである。つまり，解離度が高ければ高いほど，この部位の活動が高くなる。右頭頂葉の異常活動によって，他者のイメージ（離人症の場合は自分のコピーであると考えるもう一人の自己）が自己の意思とは無関係に生成されるから」［乾敏郎，2009：66］である。離人症は統合失調症に見られる症状の１つであるが，離人症の重症化によって当事者（患者主体）に「他者＝もう一人の自己」が背後にいるという気配過敏（解離現象）がともなうことになる。そのことは脳科学の知見と符合しているのだ。

2. 知覚の病理としての解離
　　――離隔・過敏とファンタズムとの相互知覚

前節では，知覚の異常・病理としての幻覚を，「対象」についての幻覚と，「自己」についての幻覚という２つに分けたが，特に，「自己」についての幻覚として，入眠時幻覚，出眠時幻覚，催眠時幻覚，自己像幻視という４つのタイプが挙

げられた。これら4つの中で、前3者が順に、入眠時、出眠時、催眠時というように、「自己」についての幻覚を見るタイミングが決まっているのに対し、自己像幻視だけは決まっていない。自己像幻視は、特定のタイミングや状況ではなく、当事者（体験する主体）の意識・自己意識の水準が低下（衰退・衰弱）するタイミングで起こるのである。見方を換えると、ここに挙げた、「自己」についての幻覚はすべて、意識・自己意識の水準が低下したときに出現すると包括的に捉えることができるのではないかと考えられる。確かに、催眠時幻覚だけは催眠療法という人為的な治療の中で出現することから除外すべきかもしれないが、催眠時幻覚が生じている場合は、結果的に当事者の意識・自己意識の水準が低下しているわけであるから、問題はないはずである。

　したがって、「自己」についての幻覚はすべて、意識・自己意識の水準が低下したときであると捉えることができる（ただし、水準低下が起こるのは、自己が衰退・衰弱したときとは限らない）。その意味では、柴山がまとめた解離としての離隔と過敏もまた、何らかの原因によって当事者の意識・自己意識の水準が低下したタイミングで出現すると捉えることができる。事実、離隔と過敏は、意識・自己意識の水準が低下する入出眠時に起こるといわれている（催眠時については説明するまでもない）。

　以上のように、離隔と過敏は「自己」についての幻覚、すなわち知覚の異常・病理であることがあらためて解明された。では次に、離隔と過敏と、IFを対象とするファンタズムとの相互知覚との関連について考察することにしたい。

　まず考えるべきことは、ファンタズムとの相互知覚が「自己」についての幻覚であるか否かということである。結論から述べると、ファンタズムとの相互知覚もまた、「自己」についての知覚の異常・病理であると考えられる。ただ、ファンタズムとの相互知覚が前述した離隔、過敏、自己像幻視と異なるのは、それが、意識・自己意識水準の低下をともなわないことである。もっというと、ファンタズムとの相互知覚は、意識・自己意識水準の低下をともなわないどころか、ごく日常的な状況・場面において、しかも長い期間――果ては一生のあいだ――、継続されることが少なくない。

　それに対し、離隔、過敏、自己像幻視は同じ「自己」についての知覚の異常・病理でありながらも、前述したように、意識・自己意識の水準の低下がともなうと同時に、長い期間（時間）続くことは稀である。むしろこれらはいずれも短い

スパンでのみ起こる知覚の異常・病理なのだ。

　ではなぜ，同じ「自己」についての幻覚でありながら，ファンタズムとの相互知覚だけは意識・自己意識の水準が低下せず，比較的，長い期間続くのであろうか。実は，意識・自己意識の水準が低下しないことと，IF（対象）が長い期間続くこととは関係がある。ここでⅡ章で述べたファンタズムとの相互知覚の要点（ポイント）を振り返ることにする。

　浜田の「自他二重性／自我二重性」の捉え方から人形遊びを分析したとき，自他二重性が知覚回路，自我二重性が表象回路（心の回路）とおのおの区別した。つまり，青年期以降におけるIFとの交流・対話の渦中で起こっていることは，青年もしくは成人における知覚回路と表象回路とのスウィッチング，もしくは取り違えていることに気づかないまま，そうした体験をしているのだ。正確にいうと，IFと交流・対話している当事者は，「見る自己」が「見られる自己」を眼前に「見る」とき，頭の中でイメージしたもの（＝表象したもの）が目で見たもの（＝知覚したもの）であるかのように捉えているのであり，こうした表象と知覚とのスウィッチングによって，本来，頭の中で表象しているファンタズムが目の前にリアルなものとして出現していることになる。少なくとも，解離している状態の当事者は，ファンタズムと現実のものとを取り違えている，もしくはこうした取り違えの体験をしているのだ。こうした体験をするのは偏に，表象と知覚のスウィッチングの中でファンタズムに没入していることに因る。文字通り，リアルなファンタズム（空想）への没入である。もしかすると，それは，現実からの逃避に基因するファンタズムとの相互知覚であるといえるかもしれない（ただしそう考えてしまうと，それは，防衛機制としての「退行」でしかなくなる）。

　思春期・青年期のIFは，当事者が内なる他者（もう一人の自己）を"依り代"となる人形やぬいぐるみに向けて投射したものであることからすると，この場合の内なる他者の，人形やぬいぐるみへの投射は，解離でいうところの，頭の中で表象したものを外の世界へと現前化（出現）させることに対応している。ファンタズムとの相互知覚とは，頭の中で表象したことや心の中での思いを外の世界に現前化（出現）させることであり，没入する対象もしくは依り代は，人称的な存在であれば何でもよい。問題は，内なる他者（もう一人の自己）からの思いや感情のほとばしりが豊富であるため——すなわち，IFは長年のあいだ，幾度もかかわり（相互知覚を行い）や対話を繰り返した対象であることも加わり——，頭の

中で表象したもの・ことが外の世界においてさえ知覚できるものとなることにある。思いや感情などの表象が豊富であることは，外の世界にファンタズムを現前化（出現）させることになるわけである。ところが，表象と知覚との取り違えは，本人にとって見えないものが見えたり，存在しないものが存在したり，聞こえないものが聞こえたりするなど，想定外の体験（幻視や幻聴などの幻覚）をもたらすことになる。

たとえば，IF保持者が（IFである）ぬいぐるみや人形にふれるとき，当事者から見て文字通りふれること以上の体験をしている可能性がある。つまり，IF保持者とIFとの関係は，ふれることをはじめ知覚の相互性を超えて幻覚の相互性へと逸脱しているかもしれない。したがって，青年期以降のぬいぐるみ遊び（IFとの交流・対話）が精神病理の域に入るのは，知覚回路と表象回路（心の回路）とのスウィッチングによって，両者の回路を取り違えることにある。

以上述べたことから，なぜ，IFを対象とするファンタズムとの相互知覚が長い期間，当事者から見て継続されるのかが明らかとなる。つまりその理由とは，ファンタズムとの相互知覚が自己の内なる他者（もう一人の自己）を外部の対象としてのIF（当事者の愛好するぬいぐるみや人形など）へと投射した上で，当事者（自己）がそのIF，つまるところ「もう一人の自己」へとかかわり，対話することにある。ファンタズムとの相互知覚の場合，自己が自ら表象したもの（「もう一人の自己」）を外部のIFへと投射して，その投射されたもの（「もう一人の自己」）を知覚するわけである。この場合，IFとかかわる当事者自身は，こうした機序についても，ましてや自ら知覚する（かかわり，対話する）対象としてのIFが自ら表象したものであることを知らない。端的にいうと，ファンタズムとの相互知覚においては，自己はもう一人の自己を知覚しているだけなのである。

ここで注意すべきなのは，自己が対象としてのIFを「知覚する」ことについての正確な捉え方である。ここまで「知覚する」と「かかわり，対話する」という表現を曖昧に用いてきたが，実際のところ，IF保持者は，対象としてのIFを単に「知覚する」，すなわち自己がもう一人の自己を単に「知覚する」のではなく，IFと「かかわり，対話する」のである。「知覚する」と「かかわり，対話する」との差異は何であるのか——それは，ファンタズムとの相互知覚を体験するIF保持者（自己または主体）にとってIFは自らが表象したものであり，その表象されたものとは，Ⅱ章で述べたように，「表象回路＝心の回路」だと整理し

たように，当事者自身の心や感情が込められているのである。当事者がIFを対象として単に知覚するだけであるならば，恐らくIFとの継続的な交流，ましてや継続的な対話は起こり得ないはずである。IF保持者（当事者）にとって対象としてのIFには，自らのさまざまな思いや感情が込められているがゆえに，そのIFを長い期間，愛好するのである。

なおIFには，自らのさまざまな思いや感情が込められているといっても，妄想や憑依ではない。妄想は，思考の異常・病理，すなわち実際にはあり得ない思考や論理を組み立てることであり，まったく根拠のない誤った観念を信憑することである（正確には，こうした確信や観念が間違っている証拠を他者から提示されても修正することができない病理的な盲信なのである）。憑依は，外部から何か（何物かまたは何者か）が内部へと入り込んできて，その人の心身が操作されてしまう病理であり，その代表はキツネ憑きである。一見，IF保持者の状態は，思考の異常・病理としての妄想や，何かに心身を乗っ取られ操作される憑依にあるように見えるかもしれないが，実際はそうではなく，知覚（感覚）の異常・病理としての幻覚の渦中にある。IF保持者（当事者）にとってIFはまず何よりも，知覚（感覚）の対象なのである。この点は重要である。

以上のことから見ると，ファンタズムとの相互知覚は，離隔，過敏，自己像幻視と同じ「自己」についての幻覚（知覚の異常・病理）でありながらも，自己が知覚する（正確には，かかわり，対話する）対象としてのIFが自ら表象したもの（思いや感情が込められたもの）であることから，長い期間，愛好や愛着の対象となり得るのである。その意味で，表象と知覚との違いは極めて大きいと考えられる。繰り返し強調するが，離隔，過敏，自己像幻視の対象は，単なる知覚（幻覚）のそれにすぎないのだ。

以上，「自己」についての幻覚として，離隔，過敏，自己像幻視，ファンタズムとの相互知覚について述べてきた。最後に，柴山が捉えた離隔と過敏，筆者が捉えたファンタズムとの相互知覚はすべて，知覚の異常・病理であることが明らかになったが，これら三者の違いを明確化しておくことにしたい。

何度も繰り返し述べるように，離隔，過敏，ファンタズムとの相互知覚はすべて，私の二重化，すなわち「見る自己」-「見られる自己」をベースとしている。ファンタズムとの相互知覚は，離隔・過敏と比べて，端的に自己が2つに分裂するわけではない。ただ，私の二重化そのものが，発達心理学的には自我二重

性(「自己」-「もう一人の自己=内なる他者」)を起源にしていることからすると，ファンタズムとの相互知覚もまた，私の二重化を前提としていると考えられる。

解離のベースとしての「私の二重化」：
「見る自己」-「見られる自己」

解離，とりわけ解離する主体の空間的変容が，「見る自己」-「見られる自己」という知覚レベルの自己分裂をともなうことは，重要である。なお，次に示す図中の，[ ]および下線による強調は「顕在化」を，〈 〉は潜在化もしくは認知不可能であることを各々表している。

まず，離隔から述べると，体外離脱で明らかなように，[見る自己]が上方から，魂の抜けたような〈見られる自己〉を客体として見ることになる。この場合，自己から抜け出て，上方から俯瞰する[見る自己]が主役である。[見る自己]＞〈見られる自己〉という力関係となる。

離隔：[見る自己] → 〈見られる自己〉

次に，過敏について述べると，[見られる自己]は本来，「見る自己」によって見られているにもかかわらず，この〈見る自己〉そのものは[見られる自己]から見てフェイドアウトしている。つまり，「見られる自己」からすると，〈見る自己〉は影のような存在であり，気配として感じるだけである。視覚化（見える化）すると，〈見る自己〉→ [見られる自己]という構造は，〈……〉→ [見られる自己]という構造となっている。ここで〈……〉は気配を表す。過敏の場合，[見られる自己]だけが意識できるのみで，[見られる自己]からすると，その周囲に感じる気配が〈見る自己〉であること，それ以前に，自己が2つに分裂していることなど思いも寄らない。

過敏：〈…………〉→ [見られる自己]
　　　　気　配
　　＊実際は〈見る自己〉

最後に，ファンタズムとの相互知覚の場合，自己が自らの頭の中で表象した「内なる他者（もう一人の自己）」を外のぬいぐるみや人形などの"依り代"に向けて投射した上で，その投射した"依り代"――実は「内なる他者（もう一人の自己）――とかかわり，対話するのである。端的にいうと，この場合，自己ともう一人の自己（内なる他者）とのリアルなかかわり・対話となる。そしてこの場合，

自己が自ら表象したものを外の対象（IF），すなわち"依り代"として知覚することになる。

```
ファンタズムとの相互知覚：
［見る自己］→［イマジナリーフレンド（IF）］
        〈見られる自己〉
        ＊実は自ら表象したもの
        （＝〈もう一人の自己〉）
        を外の対象へと投射したモノ
```

このように，ファンタズムとの相互知覚においては，見かけの上では［見る自己］と［イマジナリーフレンド］との相互知覚・対話に見えるが，IF保持者自身が気づかないにもかかわらず，その内実は，自己ともう一人の自己，すなわち［見る自己］－［見られる自己］とのかかわり・対話となる。つまり，［自己＝見る自己］が自ら投射した〈内なる他者（もう一人の自己）〉をイマジナリーフレンド，すなわち表象したものを変換した〈見られる自己〉と捉えていることになる。

3. ファンタズムとの相互知覚をめぐる問題

これまで筆者は，ファンタズムとの相互知覚をイマジナリーフレンド（IF）と関連づけながら，発達心理学の立場からIFを対象とするファンタズムとの相互知覚が起こるメカニズムについて述べてきた。

これに対し，実は柴山もまた，ファンタズムとの相互知覚に相当する現象を「現実からの遊離と空想への没入」［柴山雅俊，2010：199-203］，すなわち解離の臨床研究（精神療法）という文脈において捉えている。この場合，柴山は「解離の病態では幼少時から虐待やいじめなどの外傷体験を被っており，不安，絶望などを感じている」ことを「背景として一方で彼らは空想に広く深く没入する傾向をもっていることが多い。」と述べていることからわかるように，空想への没入を「現実からの逃避」であり，離隔の1つだと捉えている。しかも，「空想傾向の認められた群の多くは，幼少時に遊んでいた人形や動物の玩具が実際に生きており，独自の人格を持っていると信じていたと報告する。また彼らの多くは小さな妖精や守護天使，木の精などが実在しているものを信じ，想像上の友人（Imaginary Companion）と遊び，ときに彼らを実在の人や動物のようにはっきりと

見，聴き，触れたと振り返る。解離の患者も彼らと同じように，幼少時から現実からの遊離と空想への没入といった傾向を持っている。」[同前]と述べている。

このように，柴山は，臨床例に基づきながら，空想への没入が現実からの遊離の結果として当事者が採る離隔の1つだと捉えている。柴山によると，離隔には3つの私があり，1つ目が「存在者としての私」，2つ目が「眼差しとしての私」であり，3つ目が「空想への没入」，すなわち「知覚のように現れる表象空間へと『没入する私』」[同前：200]なのである，と。

柴山のいう「想像上の友人」はイマジナリー・コンパニオンと言葉こそ異なるが，筆者がこれまで述べてきた「想像上の友達（イマジナリーフレンド）」と同義だと考えられる。柴山にあっては，虐待やいじめを被った人たちが現実から遊離し，人形や玩具，さらには目には見えない妖精や守護天使などのIF（IC：Imaginary Companion）が実在していることを信憑するとともに，リアルにかかわる（遊ぶ）私のことを，「知覚のように現れる表象空間へと『没入する私』」だとしている。このように，「知覚のように現れる表象空間」，すなわち空想世界へと「没入する私」こそ，IF（IC）保持者そのものであるといえる。

空想への没入や没入する私という捉え方がイマジナリーフレンドそのものであると見なす捉え方は，筆者がこれまで述べてきたこと，特に，表象されたものを知覚（の対象）へと変換したものがIFであるということと同義であるにもかかわらず，IF（IC）を，幼少時に虐待やいじめなどを被ることで現実から遊離したことと結びつけていること，ひいては空想への没入が起こる原因を幼少時の被虐体験に求めること自体に異論がある。たとえ，被虐体験のある子どもや成人に，空想への没入という解離をきたしたものがいるにしても，空想への没入についての一元的な解釈ははなはだ疑問である。こうした捉え方それ自体，自我・精神の防衛機制という思考法に囚われていると考えられる。そのことに加えて，精神療法や心理療法といった臨床を行う場合，精神疾患の原因（病因）をわかりやすいストーリー（その典型は「大きな物語」としてのトラウマ）に求めてしまう傾向があるのだ。

繰り返すが，IFという空想物（ファンタズム）との相互知覚・対話は，解離の1つであっても，発達心理学の知見が示すように，定型の精神発達のプロセスから出現してくる現象なのである。その意味において，空想への没入を精神療法の中で活かすことができるとしても，それをすべて精神の異常・病理へと結びつけ

ることに慎重でなければならない。

　繰り返し強調すると，IFは，臨床における離隔ではなく，離隔や過敏と同列に位置づけられる解離の1つのタイプ，すなわち定型の精神発達プロセスの途上で出現してくる，知覚レベルの正常な解離なのである（IFの位置づけ方はまったく異なるとはいえ，IFを「知覚のように現れる表象空間へと『没入する私』」という規定の仕方は，知覚と表象との微妙な関係を的確に表現している）。

V

〈能力〉としての解離
——気配過敏・体外離脱と俯瞰力・メタ認知力

　これまで，発達心理学の立場から解離が，定型的な精神発達プロセスの中から出現してくること，そしてその代表が「知覚と表象のスウィッチング」から生じるファンタズム，すなわち青年期以降もかかわり・対話が継続するイマジナリーフレンド（IF）——IF は高齢者にとっての「神様」・「仏様」や，3.11 震災後のタクシードライバーにとっての「幽霊」——であること，その一方で，精神病理学の立場から解離（解離症状）が，主体の空間的変容をともなう，体外離脱（離隔），過敏（気配過敏），空想への没入であることや，主体の時間的変容をともなう——空間的変容よりも重篤な——，健忘，遁走，もうろう状態，多重人格障害（解離性同一性障害）であること，について述べてきた。さらに，精神病理学的な臨床研究の解離モデル，すなわち交代人格やトラウマ記憶が保存されている「隠蔽空間」を通して解離が，主体の空間的変容・時間的変容の両者を射程とすることが示された（なお，解離の臨床研究の場合，理論研究とは異なり，治療対象としてのクライエントは実際，たとえば体外離脱，気配過敏，健忘などマルチの解離症状を呈するが，こうした事態はクライエントにとって常態なのである）。

　しかしながら，解離が私たち人間に特有の現象であることから考えると，解離は私たちにとって普段知り得ない隠された意義があると考えられるのではないか。本章では，これまでの枠組みをリセットした上で——その意味では防衛機制をディストラクトして——，解離の隠された意義について考えていくことにしたい。

1. 解離の隠された側面

　ところで，解離の隠された意義について考える上で，世界的な学術雑誌，Nature に掲載された，O.ブランケらの症例報告は有力な手がかりとなる

[Blanke,et.al., 2002：269-270]。それは，開頭手術の最中，執刀医とてんかん患者が会話を交わしながら，治療を行っていたところ，脳のある箇所に電気刺激を行うと，患者が体外離脱という不思議な体験をしたという。体外離脱を起こした脳のある箇所とは，頭頂葉，側頭葉，後頭葉の境界にある，角回（angular gylus）という脳領域である（角回は前頭葉に属する）。具体的には，角回への電気刺激によって，その患者は上方から自分がベッドに横たわっている様子が見えたのだ。正確にいうと，見えたのはからだ全体ではなく，からだの一部（脚や胴体）であった。また，角回への刺激の強さによって，からだの見え方が近くなったり遠くなったりするという具合に遠近感が変化したという。角回の機能の詳細はさておき——主に，言語的な統合や感覚の総合的処理など——，脳の一部への刺激によって当の患者が実際，体外離脱もしくは幽体離脱の体験をしたという事実は貴重な知見である（現在は，こうした開頭手術は禁止されている）。こうした体験は，うつ病治療に用いられる経頭蓋磁気刺激法（TMS）によって角回の周辺に刺激を与えることによっても作り出されるという（TMSは角回の働きを一時的に弱める）。

　さらに，脳科学者，池谷裕二によると［池谷裕二, 2013：189-191］，角回（脳）への刺激によって最初に出現する解離症状は，自分のうしろに誰かがいるような気配がすること（誰もが体験する気配過敏はたとえば，お風呂でからだを洗っているときなどに，背中にゾクゾクとした悪寒を感じる場合である）であり，角回への刺激を強めると，次に幽体離脱（体外離脱）が出現するという。ここで自分が背後に感じる気配の正体とは，前述したように，2つに分裂した自己（見る自己）であり，この見る自己が背後から見られる自己を見ているわけである。ただ，見られる自己からすると，背後にいる影のような何かは（私の二重化によって分裂した）見る自己であることを知らない——それ以前にそもそも，自己が2つに分裂していることに気づかない——がゆえに，気配として感じてしまうのだ。それでも——解離症状が重篤でない限り——，この場合，見られる自己が左手を上げると，背後の何かも同じように，左手を上げることから，見られる自己は背後にいるのは何なのか（誰か），その正体についてをうすうす気づいているのかもしれない。ところが，角回への刺激が強まると，今度は気配過敏とは比べものにならないくらい，異様な体験をしてしまうのだ（一生のうちに，幽体離脱を体験する人間は3割程度であるといわれているが，1回の体験時間が極めて短いことから，それは稀有なものだといえる。臨死体験のように，生存の危機的状況では角回への刺激が強まる可能

性が高いことから幽体離脱を体験することが多くなる）。

　このように，角回への刺激を強めることで，解離は自分の背後の気配から自分の上方の体外離脱へと遠ざかることになる。体外離脱において自分は，見られる自己として上方の見る自己から見られることになる。つまり，気配過敏から体外離脱への移行（変化）において自分自身に起こっているのは，自分のからだから自分の心が遠く離れていく，もしくは自分のからだの中にある心（魂）が外へと出ていくことを意味する。それは，身から心が分かれ，離れていく心身分離および心身離脱という異常事態なのだ。こうした症状を有する患者（主体）から見て気配過敏と体外離脱のどちらが深刻なものであるかは推測の域を出ないが，論理的に考える限り，角回への刺激に比例して体外離脱の方が気配過敏よりも心身の離脱がはなはだしいことから，深刻な症状だと考えられる。

　いま紹介した2つの脳科学の知見から考えると，気配過敏および幽体離脱は，自己が自己自身のからだ（身）から離脱して，いわばからだから魂が抜け出して，背後または上方から自己自身を見ているという異常な体験だということになる。ただ，気配過敏と幽体離脱の差異を無視して両者の共通点に着目すると，私たち人間にとってこうした解離は必ずしもネガティブなものだと断定することはできない。こうした解離症状に苦しむ患者がいることは事実であるが，人間以外の動物は，どれほど高等な哺乳類であっても解離を体験し得ないことから，解離は単なる「障害」というよりも，私たち人間に固有の「能力」であると見なすこともできるのだ。

　それでは，解離が人間に固有の能力だとして，その能力とはどのようなものなのか。つまりそれは，自己が自己を「外から」見る・捉える能力だと考えられる。筆者は，自己が自己を「外から」見る・捉えることを2つに分けて考えている。すなわち，1つは，文字通り，自分の外側，すなわち内部環境である自分自身に対する外部環境としてのモノおよびモノを収容する空間であり，もう1つは，自分の外側に存在する他者，すなわち内部環境としての自分自身に対する外部環境としての他者（自分以外の生物）である。つまり，自己の外にある（いる）のは，モノおよびそれを収容する空間と他者（生物）ということになる。この2つを明確に区別した上で，次に，おのおのについて述べていくことにする。

2. 「外＝モノ・空間」から自分を知る——俯瞰力

　たとえば私たちは，休日に遠くの山にハイキングに行ったとする。知らない場所を散策することから，果たして私たちは出発地点まで戻って来ることができるのかと心配になる。見知らぬところ（しかも，山中）を歩くのは，スリリングで楽しいが，実は危険性と隣り合わせなのである（山の天候は変わりやすいため，ハイキングコースを逸れて思わぬ事態になることも少なくない）。とはいえ，私たちの大半は山歩きをしても，無事出発地点に戻ってくることができるのである。

　では，どうして私たちは難なく山歩きをすることができるであろうか。その理由について考えるとき，2014年度にノーベル生理学・医学賞を受賞したJ.オキーフらの研究成果が有力な手がかりになる［O'Keefe, 1971］。オキーフは，ラットの脳の海馬という部位に，「場所細胞」もしくは「空間定位細胞」，すなわち場所を認知する細胞があることを発見した。彼は，ラットの海馬に微小電極を埋め込み，四角い箱の中を自由に動き回らせて，海馬の神経細胞の活動パターンを電気的に計測した。その結果，ラットが部屋の中のある特定の場所に近づくと，海馬の中の特定の神経細胞が発火することがわかった。こうした，ある特定の場所と海馬の中の特定の神経細胞の発火は，明確に対応していることから，海馬には数多くの場所細胞があって，空間内のさまざまな場所や位置を網羅していることが明らかになった。脳内の海馬システムと場所情報は，正確に対応していたのだ。

　ところで，場所細胞は，脳の中のGPS（全地球測位システム）機能を有するものであるが，カーナビなどのGPSが人工衛星からの電波をベースに自分の位置を特定するのに対し，脳内GPSとしての場所細胞は，外部からの情報サポートなしに，自律的に自分の現在地を特定（測定）するのである。

　さらに，オキーフの共同研究者で同時にノーベル賞を受賞したモーザー夫妻は，オキーフと同様，ラットの実験を通して，場所細胞が海馬の中のCA1野にあること，そのCA1野という部位には嗅内皮質が隣接していて，そこで作り出された情報がCA1野へと投射されていること，こうして嗅内皮質のさまざまな細胞から送られてくる情報を場所細胞は統合していること，を発見した［Moser & Moser, 2016 = 2016：35-36］。前述したように，場所細胞では1つの場所にいるときは，1つの神経細胞だけが発火するのに対し，嗅内皮質では複数の細胞

が発火したのだ。しかも興味深いことに，嗅内皮質の発火地点をつなぐと正六角形になり，その正六角形を結ぶと虫の巣のような，格子状の形になることがわかった。モーザー夫妻は，その格子状の形態から「グリッド細胞」と名づけた。

　グリッド細胞は，正六角形および格子状の形態から成るが，それは地図などの空間にマッピングすることが容易であることから，空間認知の道具として有用である。グリッド細胞の発火によって作られる脳内空間地図は，道路地図と類似したものである。正確には，グリッド細胞と，空間内での現在の位置を特定する，脳内GPSとしての場所細胞との連携によって，脳内空間地図ができあがるのである。

　さらに，グリッド細胞は特定の方向を向いたときに発火する「頭方位細胞」，速度に応じて発火する「スピード細胞」，境界の場所で発火する「境界認知細胞」がある。

　以上のように，嗅内皮質にあるグリッド細胞は，同じ場所にある「頭方位細胞」や「スピード細胞」や「境界認知細胞」と連携しながら，さまざまな細胞から数多くの情報を収集し，これらの情報を場所細胞へと投射（伝達）しているのである。一見，情報の流れがグリッド細胞から場所細胞への一方通行であるように見えるが，実は反対に，場所細胞からグリッド細胞へと情報を送ることもある。グリッド細胞と場所細胞は，相互連携的なのだ。場所細胞に特有の機能として，時間についての情報と，記憶についての情報が挙げられる。場所細胞は，生体がどこに行ったのかという場所だけでなく，どのような順序（経路）を辿ったのかについても整理して記憶している。また，場所細胞は，記憶の中でも特にエピソード記憶，すなわち5W1Hで記述することのできるパーソナルな体験にかかわりがある。場所細胞は，場所認知，GPS機能，時間，記憶（エピソード記憶）といった諸機能と密接に関係していることから，これが支障をきたすと，さまざまな問題が生じてくるのだ。なかでも，アルツハイマー型認知症のケースを考えると，エピソード記憶の障害を基点に，場所認知，GPS機能，時間などの諸機能が次々と失われていくことから，のっぴきならない事態となるわけである。

　そのことに関連して，数年前に上映された日本映画，〈明日の記憶〉を取り上げたい。この映画では広告代理店に勤める49歳の，やり手の営業部長，佐伯雅行（渡辺謙）が，会社から何度も訪問したことのある得意先に向かう途中，迷子になってしまう。佐伯は若年性アルツハイマーを患っていたのだ。そこで佐伯は

電話で助けを求め，何とか職場に戻ることができた。佐伯は自分がどこにいるのかわからず，見慣れた街中で道に迷ってしまったのは，場所細胞のエピソード記憶機能が破損したためである。

　モーザー夫妻が脳内空間地図について次のように要約している（引用に際して記号を数字に変更した）［同前：34］。

①街路や木々など周囲の目印に対する自分の現在位置を把握する能力は重要だ。それがなければ，個人の生存はおろか，人類の生存も危うくなる。
②脳の深部にある神経細胞ネットワークが協力して，周辺環境を表す「脳内空間地図」を作製している。この地図のおかげで私たちはある場所から別の場所への移動ルートを見いだすことができる。これらの神経細胞はGPSさながらの働きをしているのだ。
③ルート検索に関与している脳領域は，新しい記憶の形成とも密接に関連している。この領域の神経経路が機能不全に陥ると，アルツハイマー病患者が経験するような重度の空間的見当識障害を引き起こす恐れがある。

　この要約の中でとりわけ重要なのは，現在位置の把握能力，脳内GPS能力，新しい記憶（エピソード記憶）能力が個人の生存だけでなく，人類の生存にかかわりがあるということである。進化人間行動学（進化心理学・進化生物学・進化医学など）からすると，生物にとって究極の目的とは，個人および人類の生存と，種の存続である。人類にとって最優先されるのは，まず何よりも，生存，すなわち生き存えること（サバイバル）である。そのことからすると，空間や位置や移動にかかわるこれらの能力はすべて，生存という究極目的に直結していると考えられる。そして，これらの能力は，「外＝モノから」自分を知る上で不可欠なものばかりなのである。

　ところで，場所細胞などによるGPS機能は，私たち人間だけが持つ能力ではない。哺乳類以外にも，たとえば巣から外へ出かけて，また，巣へと戻ってくる蜂などの昆虫にも，固有のGPS機能が備わっている。仮に，GPS能力に基づく空間認知の帰属主体のことを広義の「わたし」だとすれば，人間や哺乳類だけでなく，昆虫，さらにはもっと下等な生物にも「わたし」が認められることになる。すべての動物にとって空間認知や空間移動——ひいてはテリトリー形成能

力にもつながる——は，生存する上で必要不可欠な能力なのである。その点からすると，高次のGPS機能を有する私たち人間でさえも，アルツハイマー型認知症を患った場合，この「わたし」が衰弱・衰退してしまう——ときには，この「わたし」が崩壊してしまう——ことで，生存の危機を招来することになる（人間は他のすべての動物と異なり，ケアする動物であることから，生存の危機は免れるが，それでもケアが行き届かないとき，孤独死のように，個体として生存の危機に見舞われるのだ）。裏を返すと，人間をはじめとする，高等な動物にはその能力のレベルに見合うだけのGPS機能（能力）が必要であり，低次の動物にはその能力に応じたGPS機能が必要なのである。強調したいことは，高等かそうでないかにかかわりなく，「わたし」が生存していく限り，その「わたし」に応じた脳内空間地図が必要だということである。

　さらに，場所細胞とグリッド細胞との協力・連携によって可能になるのは，前述した山歩きや街歩きを含む，空間の移動全般である。たとえば，私たちが自動車や自転車などに乗って空間を移動する最中，自分がいまどの位置（地点）にいて，目的地に到着するにはどうすればよいのか，あるいは後どのくらいで目的地に着くのかなど漠然と認知している。この場合，移動スピードが速いことから，歩いたり走ったりする場合よりも，自分が現在走行している位置（地点）を正確に測定する必要がある。したがって，車で空間を移動するときは，歩くとき以上に上空から自分の現在地を常時，俯瞰し眺めてチェックすることが不可欠になる。そうでないと，曲がるべき交差点を通り過ぎたり，間違った道へと進んだりしてしまうからだ。ただそれでも，脳内認知地図および脳内GPS機能を用いた車での移動は，初心者のドライバーでもない限り，大半の人たちが身につけている能力である。

　これに対し，プロサッカー選手は，自分がボールをコントロールしているとき，上空からサッカーのピッチを俯瞰して眺めて，瞬時に変化する状況を捕捉しつつ，次に，どの選手に向けてどこにパスをすればよいかを瞬時にかつ無意識に判断し，実行に移している。恐らく，サッカーの醍醐味は，広いピッチの中で常に変転する状況の中で選手たちが個々の役割を瞬時に果たすことの連続にある。そのとき，プロサッカー選手はすべて，将棋の碁盤の目を眺めながら次の一手を指す棋士のように，自分が上空（上方）から敵味方の動きを俯瞰し観察しながら，自分の行うべき役割を果たしているのである。実際はピッチの中での地上戦

であるが，本当の戦いは上空（上方）からの的確な俯瞰とそれに基づく戦略（試合の読み）にあると考えられる。

　こうした俯瞰力は，時間と視野を拡大してモノゴトの摂理を捉え直すことにもつながる。時間と視野を拡大することは，たとえば，138億年のビッグバンにまで遡及し，宇宙の始まりから現在へと至るまでに起こったさまざまなできごと，たとえば地球の誕生，生命の誕生，……猿人の誕生，……現生人類の誕生，旧石器時代から農耕文明を経て産業社会，そして高度資本主義社会で起こったできごとを一望のもとに知ることにつながる。

　筆者は進化心理学や進化医学などを含む進化人間行動学を研究しているが，特にこの学問は，現在の私たち人間をはじめ，地球に棲息しているすべての生物が共存して生き，子孫を残す上で不可欠な知見を，時間と視野を拡大して，いわば俯瞰して捉えた太古の環境に見出し，役立てることを目的としている。私たち人間に限って述べると，進化人間行動学は，今日のうつ病や糖尿病などの病気が数十万年前の環境への適応として獲得した能力が，今日の，一変した環境において不利になることを解明しつつある（こうした進化のトレードオフ［獲得と喪失］は多々見られるが，数例を挙げると，天敵からわが身を守るための扁桃体が"天敵"の多いストレスフルな社会において過剰反応を起こし，脳を萎縮させ，うつ病をもたらす，というものや，厳しい環境の中で生存するのに有利な知識形成や記憶力が，今日ではトラウマ記憶の形成，ひいてはASD・PTSDを引き起こすというもの，である）。あるいは反対に，太古から棲息し，地球環境を一変させた——酸素を増大させた——ミドリムシをサプリメント化して私たち人間の健康に役立てる場合もある。

　進化人間行動学は，現生人類におけるさまざまな進化のトレードオフを研究する学問であり，これは，近代社会を起源とする近代的な学問（心理学や社会学など）では到底解明し得ないものなのである。進化人間行動学は，そのベースに時間と視野の拡大（俯瞰）を据えることによって，近代的な学問では解明し得ないモノゴトの究極要因を究明するのである。こうした俯瞰力は，進化人間行動学に限らず，ほとんどの学問のスタンスとして要請されていると考えられる。

3.「外＝他者」から自分を知る——前適応のメカニズム

(1) 他者理解から自己理解へ——他者モニター能力の投射先の転換

すでに述べたように,「外から」自分を知ることとはまず, 自分のいる場所（立ち位置）を確かめながら, 目的地へと向かうこと, もしくは, 目的地へと向かう途中で自分のいる場所をその都度確認することであった。私たち人間は生物と同じく, 自分の中にGPS機能を搭載することにより, 空間的, 物理的な移動を円滑に行うことができるのである。自分が外から見てどの場所・現在地にいるかを客観的に知ることによって目的地へと正しく向かうことができるわけである。こうした「外」から自分を知ることは, 前述したように, プロサッカー選手に要求される高度な俯瞰力や, 進化人間行動学の有する, 時間と視野の拡大（俯瞰力）をも射程とするのである。

これに対し, 次に述べる, もう1つの,「外から」自分を知ることは,「自己＝内部環境」から見て単なる「モノ・空間＝外部環境」ではなく, 他の生物, 特に他の人間から見て自分を知ることである。つまり,「外＝他者（生物）」から自分を知ることである。

ここで,「外＝他者」という場合の「他者」は, 他の人間とは限らない。むしろそれ以前に,「他者」は, 人間を含む生物（生き物）を意味する。それはなぜか。これを説明するためには, 進化論的知見を参照することが不可欠となる。

ところで, 進化論の知見の1つに,「前適応 (preadaptation)」もしくは「外適応 (exaptation)」がある。行動生物学辞典によると,「前適応」とは,「ある環境に生物が適応する過程で特定の機能をもち維持されていた形質が, ある時点で転用され別の機能を担うことによって新たな適応的形質が進化することがある。この転用された元の機能, あるいは転用される過程をさす用語。」[上田恵介, 他, 2013：313-314] のことである。

要するに,「前適応」とは, 進化のプロセスにおいてある生物（生体）の形質が新たに環境に適応するにあたって, もともと, 他の目的を果たすためにすでに持っていた（内蔵していた）形質を転用することである。この場合, 他の目的を果たすために保有していたもとの機能のことを「前適応」と呼ぶのだ。

一例を挙げると, 進化の過程で鳥が自らの体温保持という目的を果たすために

保有していた羽が，環境変化に適応するために，飛ぶという目的を果たすために転用されるケースである。鳥はもともと，体温保持のために持っていた羽を，飛ぶという新しい目的のために転用するわけである。初めから鳥が飛ぶために羽があったわけではないにもかかわらず，羽の役割が環境変化に応じて飛ぶことの必要に迫られたとき転用されたのである（ここでいう「飛ぶことの必要に迫られた」とは，もし，鳥が羽を飛ぶことに転用しなかったならば，鳥は世界からその姿を消していたであろうという差し迫った，選択の余地のない事態を意味する）。この場合，体温保持のためのもとの機能が前適応に相当する。

　こうした前適応は，人間の場合，どのような形で出現したのであろうか。その手がかりとして，池谷の前適応仮説，すなわち「他者モニター能力」[池谷裕二，2013：195]が手がかりとなる。これ以外にも注目される前適応仮説の1つとして，岡ノ谷一夫の「言語の歌起源説」[岡ノ谷一夫，2016]がある。これは，小鳥の歌には人間の言葉と共通する特徴が2つ見られることを根拠としている。この2つとは，「他者から学ぶこと」と「組み合わせを作ること」である。つまり人間の言葉は，最初から言葉として人間に備わった能力ではなく，言葉とはまったく関係のない，他の機能のために進化してきた諸形質が鳥の囀りや歌という形で組み合わされた上で，それが使い回されて人間の言葉になったというものである。

　前適応の例示はともかく，池谷の前適応仮説をまとめると，次のようになる[池谷裕二，2013：196-197]。なおここでは，わかりやすくするために，同説を2つに分節化した。

　①動物たちは他者の存在を意識できるようになった。
　　その他者のしぐさや表情を観察することによって，その行動の根拠や理由を推測することができるようになった。つまり，他者観察能力および他者の心の理解である。
　②次に，こうした他者観察能力の「使い回し」の結果として，「自己観察力」が生まれた。そして，自己観察して自己理解へと至るというプロセスを進化上，獲得した。つまり，他者から自己へという観察力の投射先が転換されたのだ。
　　観察力の投射先を他者から自己へと転換することによって初めて，自分に心があることに自分で気づくようになった。ヒトに心が生まれたのは，自

分を観察することができるようになったからである。その前提には，先祖の動物たちが「他者を観察できる」ようになっていたことがある。

　この説によると，人間を含むあらゆる生物にとってまず何よりも関心事となるのは，自分ではなく，他者である。正確にいうと，生物（生体）から見て自分に近づいてくる他者とはどのような存在であるかは肝心である。というのも，自分に近づいてくる他者が敵か敵でないか，もっというと，自分を襲うものかそうでないかを迅速に察知しないと，自分の身が危うくなるからである。そして，他者が敵であると察知したら，自分自身は他者を攻撃するか，それとも，他者から逃げるかを瞬時に判断・決定しなければならない。そのことは，現在の私たち人間にとっても同じである。確かに，特別な場所にいない限り，私たちは獰猛な動物に襲われることはないが，それでも，蚊が血を吸いに飛んで来たら，すぐさま攻撃することは必至なのだ。

　私たち人間もまた，生物（動物）であることにより少なからず他者の存在を自分に好意的か敵対的かを常時意識せざるを得ない。そのことから考えても，すべての生物にとって最大の関心事は他者なのである。それゆえ，すべての生物は他者としての他の生物の行動（動き）や動作や仕草などを観察しなければならない。他者（他の生物）がどのような行動・動作・仕草をとるかを観察することは，"然々の文脈では他者は……のようにふるまうであろう"と推察することになり，つまるところ，他者の心を理解することになる（勿論，他者の観察・推察や他者の心の理解は，J.J.B. ユクスキュルが指摘するように，個々の生物にとっての環境がさまざまであるように，低次のレベルから高次のレベルまで多種多様となる）。

　以上のように，進化論的に考えると，人間を含むすべての生物は，その生物なりの他者観察・推察および他者の心の理解を総括した「他者モニター能力」を有していることになる。繰り返し強調すると，私たち人間もすべての生物と同様，人間なりの「他者モニター能力」を保有しているのである。ただ，私たち人間は他の生物と比べて著しく異なることがある。すなわちそれは，人間だけが他者の観察・推察などで習得した「他者モニター能力」を，自己自身，そして自己の心を理解するという目的のために，転用できるということである。そのことを池谷はいみじくも――前述の②にあるように――，「他者から自己へという観察力の投射先の転換」［同前：197］と述べている。これはまったく妥当な捉え方であ

る。意外なことに，私たち人間は自分自身のことを自分の力だけで理解することができるのではなく，むしろ他者を観察したり推察したりすることの繰り返しの中で，他者の心を理解することを通して，理解することができるようになるのである。私たち人間にとって他者モニター能力を自己モニター能力へと転用することによって初めて，自らの心を理解することができるのである。もっというと，他者という観察対象がいなければ，自己は自己自身に心があることさえ気づくことができないはずである。

したがって，人間にとって進化上，究極の前適応は，他者（他の生物や人間）を観察・推察・モニターすることのできる能力だということになる。そして，前適応としての他者モニター能力の投射先を，他者から自己へと転換することによって自己自身（の心）を理解するのである。それにしても，自己自身を理解するために，他者を観察しなければならないというのは，何という迂回であり，無駄な労力ではなかろうか。

しかしながら，池谷はこうした前適応は無駄な労力であるどころか，最もエコなものだと述べている［同前］。つまり他者モニター能力は，前適応として人間がもともと身につけていた能力であるがゆえに，この能力を使い回す（転用する）だけで自己自身の心を理解するという新たな目的を達成できることから，かえって無駄がない，それどころか効率的でさえある。前適応をリサイクルするほうが，環境変化に応じた新しい能力を一から形成するよりもはるかに，エコ（エネルギー節約）であり，無駄がないのである。

このように，前適応（他者モニター能力）という進化論的知見を持ち出すことにより，「外＝他者」から自分を知ることのメリットが明らかになる。つまり，私たち人間は自分自身を知るために，一度，「外＝他者から」自分を眺めなければならない。その意味では，気配過敏や幽体離脱という解離は，私たち人間にとって必要不可欠な能力であることになる。それは，私たち人間に自分の心があること，そしてそれを自ら理解することの契機となる。

しかも，私たち人間は，直に自己自身の心を理解することができるわけではなく，常に他者を通して（迂回して）理解するしかないとすれば，次のような結論に行き着くことは必然である。つまり私たち人間は，自ら表出・表現する（ausdrücken）ことによって自己自身の心や内面を理解するしかない，と。つまりそれは，「『自分の身体の表現を通じて自分の内面を理解する』という心の構造」［同

前：196］に基づいている。自分の何かを外に向けて作品として表出・表現することによってその都度その都度，自らの心や内面を理解するのだ。つまり，作品として，一旦，自分を外に向けて表出・表現して，自分の作品として外化したものを観察・モニターすることによって自らの心や内面を理解するに至るわけである。この場合の作品とは，ありとあらゆる形で表出・表現されたすべてを意味する。つまり，自分が外に向けて表出・表現した結果である作品とは，「外＝他者」と同じ「他者」なのである。自ら何らかの作品を制作することは，「外＝他者」から自分の心を知ることにほかならない。

　いま述べたことを具体例で示すことにする。

　教科書をはじめ，さまざまなテキストを読む場合，大きく2つの読み方がある。1つは，声を出して読む，いわゆる音読や朗読であり，もう1つは，声を出さずに，書かれたものの意味をできるだけ速く読みとろうとする読み，いわゆる黙読や速読である。ここでは，前者の代表を音読，後者の代表を黙読，とした上で論を進めていきたい。

　音読が声というからだ全体で世界とかかわる読みであるのに対し，黙読は視覚というからだの一部だけを通して世界とかかわる読みである。音読と黙読についての評価や優劣はさておき，両者では同じ読みといっても，中身がまったく異なるのである。

　音読と黙読の違いを脳科学的に図で示すと，次のようになる（**図 12**）［同前：

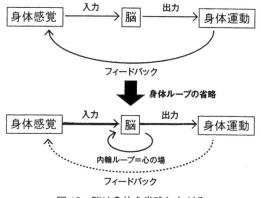

図 12　脳は身体を省略したがる

［池谷裕二，2013b：331］

331］。

　まず，**図12**（上）は音読という読み方に対応している。つまり**図12**（上）は，身体感覚を用いてテキストから文字を情報として入力し，入力した情報を脳で処理した上で，情報処理したものを外に向けて出力する，すなわち声に出す，そして声に出したものを自分が聞くと同時に，それを次の行動に向けてフィードバックする，というループを示している（この場合の作品は，自己が脳の中で情報処理したものを声に出したものとなる）。「私たちは声を出すと同時にその声をモニターして，瞬間的に分析して調整して，次の発音を繰り出す。これがフィードバックである。」［山﨑広子，2017：98］また，「聴覚からの脳→身体→声→聴覚から脳，という回路によって心身を刺激する働きが，声の心身へのフィードバックである。人は自分が出す声によって，良い方向にも悪い方向にも，常に再構築され続けていく。」［同前：157-158］。

　このように，声を出すこと，読みでいうと音読することは，脳の内部ループ（自動補正［調整］機能）を媒介とする，「身体感覚（入力）−身体運動（出力）」のフィードバックによって，自らが外に向けて表出・表現したもの（＝作品）を他者だけでなく，自分自身も聞き，修正・調整した上で，次の行動（声に出すこと，音読すること）を起こす営為となるのである。だからこそ，声に出すことや音読は，相手の心身に訴えかけていくものとなり得るのだ。

　これに対し，**図12**（下）は黙読という読み方に対応している。つまり**図12**（下）は，身体感覚を用いてテキストから文字を情報として入力し，入力した情報を脳で処理するが，ここから後は**図12**（上）とは異なり，「身体ループの省略」，すなわち情報処理したものを出力せずに，脳の「内部ループ」だけにとどめるのである。具体的にいうと，それは，テキストから意味を抽出するというタスクで完了するのである。なお，筆者は**図12**（下）の一部を変更している。もとの図では，出力やフィードバックだけでなく，入力も点線で示されている。筆者は，入力の箇所に限って実線で示したわけであるが，その理由は，黙読が出力やフィードバックをともなわない活動であっても，常時，外から情報（文字）を入力することは，音読の場合も同じだからである。

　ただ，**図12**に「脳は身体を省略したがる」と記述されているように，脳は身体感覚と身体運動を排除して，すなわちからだを縮小化して，頭蓋骨という外界と隔てられたブラックボックスの中で自律的な内部ループを形成する。この内部

ループこそ，「表象」と名づけられる人間最大の機能である．このとき，主体はからだで世界とダイナミックにかかわり合う（相互交流する）動的主体であることを忘却し，主体はからだのごく一部だけで世界と一方的にかつスタティックにかかわる静的主体となっているのである．

(2) 他者モニター能力から他者の模倣へ

ところで，諺の1つに「人のふり見て我がふり直せ」がある．これについてはさまざまな解釈があるが，ここでは生物学的な行動から捉えると，それは，他人の外面に表れた態度や身体動作を通して自分を眺めて修正せよ，ということになる．すでに，前適応という仮説を通して述べたように，私たち人間は他者を観察・推察・モニターすることを通して自己自身（の心）を理解したり，ときには態度やしぐさを修正したりするのである．ただ，こうした自己理解や自己修正を修得する以前に，他者の行動を的確に理解した上で，その理解したことを自己自身の行動へと転写する必要がある．つまり，他者モニター能力を他者から自己へと投射先を転換することだけでなく，DNAの遺伝情報がメッセンジャーRNA（mRNA）へと転写され，mRNAの情報をもとにタンパク質が合成されるように，転写された他者モニター能力によって，他者の行動や心の理解の方法を自己の行動や心へと用いなければならないのだ．このように，他者の行動を自己の行動（わが身）へと移し替えることを一般的には「模倣」と呼ぶ．ここでいう模倣とは，進化に関係のある生物学的な意味での模倣である．それは，一体どのようなものなのか．

生物学的な意味での模倣とは，「他個体の行為と類似の行為をみずから再現すること」［上田恵介他編, 2013：529］である．つまり模倣とは，ある個体が一旦，自己自身から抜け出て自らを他者の視点に置き換えて，もっというと，他者自身（の身）になりきってその上でその他者の視点（身）から自己自身を眺め，そして実際に自己自身のからだで表現（再現）することだと考えられる．私たち人間は，無意識裡に他者の視点を自らを重ね合わせることで「外＝他者」から自己自身を見ているのだ．

普通，「模倣」といえば，他者の行為や動作を無意識的，身体的に真似ることである．つまりそれは，主体が他者の行為や動作を全身をもってわが身に写すことである．あるいは，主体がわが身に他者そのものを写しとることである．近

年，コミュニケーションの微視分析を通して新生児と母親とのあいだで相互にからだの動き，リズム，声が同期し合う（共鳴・呼応し合う）現象──「相互シンクロニー」現象──が発見されたが［Condon, 1979 = 1989：245-250］，それは幼児が母親と同じ行為や動作をからだの中に自ら写しとる様態を示している。しかも，幼児のその写しとり方は，母親の行為すべてを対象としたものである。このとき，幼児は模倣対象たる母親の外形（形）を忠実に再現しているだけでなく，その行為を通して自ら母親と同じ心身を「なぞり」［尼ケ崎彬，1990：181-212］つつあると考えられる。つまり，日常，言語活動がうまく習得される根拠は，幼児が暗黙裡にかつ直接的に模倣対象と同じ心身に成ることにある。

　これに対し，生物学的な模倣をベースとしながらも，それを再編集した，いわゆる文化的な模倣がある。その典型は，伝統芸道などの技芸（わざ）の世界およびその世界における学習法（模倣−反復……習熟）である。

　たとえば，声に出して言語を習得する方法の１つに素読があるが，素読は人間に特有の，文化的な模倣を学習法の１つとするものである。「師匠の聲につられて讀む」［唐木順三，1973：49］ことを基本とする素読において，当面，弟子は師匠の声の響きやリズムなどの外的な（客体の）特徴を忠実に模倣し，師匠と同じ身体的動作や声を作り出すために，自らのからだを操作することにより，それらをわが身にうつし（写し）ていく。それでも，このレベルに終始する限り，その行為は，形骸化した模倣を表す単なる物真似にすぎない。弟子は，こうした形の模倣を通してさらに，その形を生み出す師匠の心身態勢をわが身をもって内部から「なぞり」，最終的には手本（典型例）である師匠の身に成り切らなければならない。弟子は師匠と同じ心身態勢を理解し，なおかつわが身にそれを体得し，さらに師匠その人の身に成り切ることが，技芸（型）を体得したということなのである。

　このように，弟子を習熟の域に至らせる契機の１つが，模倣対象と同じ心身態勢を「なぞり」，それをわが身に生成すると同時に，模範例であるその人の身に成り切ることにあることがわかる。つまり弟子において，生物学的な模倣だといえる，単なる形の「模倣」が，それを生み出す対象（師匠）の心身の「なぞり」（文化的な模倣）へと進展していくところに，弟子にとってわざを体得する隠れた契機があると考えられる。

　いま，素読を例にしながら徒弟制において，弟子が師匠の行動を習得する上で

模倣の重要性について言及したが、そのことを脳科学の立場から照射することにしたい。人間は他の高等動物（チンパンジーなど）よりも高度な模倣が発達しているが、その背景にはミラーニューロンがある。脳科学辞典によると、「ミラーニューロンとは、G. リッツォラッティらの研究においてサルの腹側運動前野および下頭頂小葉で見つかった、自分が行為を実行するときにも他者が同様の行為をするのを観察するときにも活動するニューロンである。単に行為の視覚特性に反応しているのではなく、行為の意図まで処理していることが示唆されており、他者の行為の意味の理解・意図の理解などとの関与が提案されている。ヒトの相同領域でも、ミラーニューロンと解釈できる活動が示されている。」(bsd.neuroinf.jp)。

ミラーニューロンの詳細はさておき、人間の場合、他の動物のように何十万年もかけて突然変異によって形質を進化させ、環境に適応させなくても、環境に適応するためには、たとえば、大型動物を殺してその皮を剥いで衣服を作るなど、動植物を材料としてモノ作りに役立てるとともに、モノを作った後は、そのやり方や技術を模倣すればよいのである。そうすれば、何十万年かかるところを 1 世代のうちにやり遂げることができる。

こうした進化の観点から見ると、人間の場合、どれほど高度で複雑な行動でさえ、数回、観察するだけで、模倣することができる。しかも、模倣するのに必要な時間は極めて短い。こうした模倣による超効率化こそ、人間（現生人類）が高度な進化を遂げることができた根拠なのである。繰り返しになるが、人間以外の動物は、突然変異によって進化するまでに多大な時間を要するのだ（最近では、遺伝情報の書き換えを必要としないエピジェネティクス的な表現型によって変化に必要な時間が短縮された）。進化論の立場から見ると、模倣は人間の生存にとって有益な行動であることがわかる。もっというと、模倣は人間進化の促進媒体なのだ。

(3) なぜ他者の心の理解が先決なのか──心の理論の正体

ところで、子どもたちは他人の心や行動を読んだり類推したりすることを繰り返す中で、社会性を身につけ、人間として成長発達していく。そのとき、他者の心を読むまたは類推する上で不可欠となる能力が「信念」である。「信念」には、2 つ存在する。

1 つ目は、「一次的信念」と呼ばれるものであり、たとえば「A さんはモノ X

が場所Yにあると（誤って）信じている」という命題として表現することができるものである。

　２つ目は，「二次的信念」と呼ばれるものであり，「一次的信念」に対して高次の判断能力を必要とするものである。一次的信念で用いた命題を使って表現すると，「AさんはモノXが場所Yにあると思っている，とBさんは（誤って）信じている」というように書き換えることができる。

　ところで，心の理論で行う検査は，4～10歳頃までの子どもたちを対象に，彼らの「信念」（他者の心を類推する能力）を調べるために，イラストやマンガをつけた文章や人形などを用いる。その典型的な検査例としてサリーとアン課題やスマーティ課題など，多々挙げることができるが，前者が一次的信念を調査する課題，後者が二次的信念を調査する事例におのおのに対応する。なお，ここではサリーとアン課題という最も初歩的な検査例を取り上げ，心の理論とは一体何であるのかを明らかにしたい。

　サリーとアンの課題を時系列に並べると，次のようになる。

　　①サリーとアンが部屋で一緒に遊んでいました。
　　②サリーはボールをかごの中に入れて部屋を出て行きました。
　　③サリーがいないあいだにアンがボールを別の箱の中に移しました。
　　④サリーが部屋に戻ってきました。

　被験者の子どもは，①～④を寸劇化したものを見せられた後，次の質問文，「サリーは，ボールが（　）にあると思っている」を提示され，文章のカッコを埋めるように指示される。質問の仕方は，試験者によってさまざまであり，それ以外にも「サリーは，ボールを取り出そうと，どこを探すと思いますか」などがある。質問文はともかく，この課題において被験者の子どもに求められるのは，「ボールは『かごの中』にある」という正答である。ところが，精神発達が遅延している子どもの場合，「ボールは『箱の中』にある」と間違って答えてしまうのだ。

　サリーとアン課題は，前述した一次的信念の習得状況を調べる，ごく初歩的なテストにすぎず，4歳以上の子どもならば，ほぼ全員が正解を述べることができる。これに対し，二次的信念の習得はかなり複雑であり，課題によっては大学生

でさえ，8割の正答率にとどまる。

ところで，再度，心の理論の中核である，一次的信念と二次的信念を取り出して比較してみることにしたい。

　　一次的信念：「AさんはモノXが場所Yにあると（誤って）信じている」
　　二次的信念：「AさんはモノXが場所Yにあると思っている，とBさんは
　　　　　　　　（誤って）信じている」

　2つの命題形式を一目するだけで両者の差異は明らかであるが，ここで注目すべきなのは，両者がともに，被験者から見て「他者」である「AもしくはB（Bから見たAを「B｜A」と示す）が〜を（誤って）信じている」という構成になっていることである。端的にいうと，心の理論は，被験者から見た「他者」（AまたはB｜A）の信念・思考・推論を主題にしているのだ。つまり，被験者の子どもは，AまたはB｜Aという「他者」の行動や頭の中（認知・信念）を観察したり，推察（推論）したり，モニターしたりすることを要請されているのである。強調すると，心の理論では被験者自身の頭の中（認知）や信念が直接問われているわけではない。この点はとりわけ重要である。

　以上のことから，心の理論の正体とは，前述した，他者モニター能力（観察力・推察力などを含む）を形成・確立できているかどうかを調べるための評定技法なのである。要は，他者を正確に観察することができているかこそ，心の理論の関心事なのだ。

　しかしながら，前述した，前適応としての他者モニター能力からすると，心の理論は被験者に対し，「他者から自己へという観察力の投射先の転換」を課してはいない。ましてや，他者理解の方法を自己理解へと活用したり，他者の行動や心を模倣して自己の行動や心に再現していない。むしろ，観察力（他者モニター能力）の投射先の転換にまで進むことなく，他者の観察・モニター，敢えていうと，その認識（一次的・二次的信念の認識）で終えてしまっている。こうした投射先の転換なしに，果たして心の理論は，自己自身の心や信念にまで行き着くことができるのであろうか。むしろ，自己自身の心を理解するためには，心の理論が視野に入れていない投射先の転換こそ，肝要なのではなかろうか。

　どうして心の理論は，被験者が他者の行動や思考や信念を正確に観察すること

ができるか否かを調査しているのか，その隠された真実に気づくことこそ重要なのである。心の理論は，調査対象を人間だけでなく，チンパンジーやゴリラなど，他の動物を射程としていることとも，関係がある。心の理論は，自らはまったく無自覚でありながらも，人間とも共通する，さまざまな動物の他者観察能力，正確には，個々の動物または種ごとの動物に固有の他者観察力を研究対象としているのである。二次的信念が形成不全にある——いわゆる他者の心を読んだり類推したりすることができない——，自閉症児の研究もまた，動物や人間の他者観察（モニター）能力の調査研究の一環なのだ。その点からすると，二次的信念が発達不全の自閉症児は，他者モニター能力の欠如によって自らの心や信念を理解することができないことになる。

(4) アスペルガー症候群の人たちの新しい適応システム
　　——メタ知識とメタ他者理解

　一方，心の理論に関して補足しておくべき事柄がある。すでに述べたように，私たち人間は他者モニター能力を自己へと使い回すことができない者が少なからずいる。正確には，こうした能力を持たないが，別の能力を持つ人たちがいるのだ。それは，アスペルガー症候群と呼ばれる人たちである。アスペルガー症候群の人たちは，私たちがするごく普通のやり方によっては心の理論をクリアすることができないが，彼らなりの独自の方法を用いれば，クリアすることができるのである（ただし，彼らのすべてがこうしたやり方でうまくいくということではない。むしろ，彼らの中で心の理論にパスする場合，特殊なやり方をしているということである）。

　ところで，一次的信念および二次的信念の課題にパスするアスペルガー症候群の人たちは，まったく独自のやり方と手順を用いている。それは，どのようなやり方かというと，他者（AまたはB｜A）の思考（信念）をメタレベル，いわゆるより高次の抽象の次元で分析した上で理解するというものである。

　心の理論に関する他者の思考（信念）についての，彼らのやり方に言及する前に，道具に関する彼らのメタレベルでの分析にふれておくことにしたい。たとえば私たちは，シャープペンを文字を書く道具だと直感的に理解している。この場合私たちは，シャープペンを文字を書くという具体的な文脈の中で理解しているのだ。正確には，そのように理解するだけで十分である。

　これに対し，アスペルガー症候群の人たちは，シャープペンを鉛筆の機能とほ

ぼ同じ機能を有し，ペンの中には 0.5mm の芯が入っていて，ペンの頭を指で押すとペン先から芯が出てくる道具，……というように，さまざまなアスペクトから捉えて（スキャンして），それを総合して「シャープペン」だと理解する。ここでシャープペンが「シャープペン」というように，括弧つきで示していることは重要である。つまり，私たちにとってシャープペンが筆記道具の 1 つであるシャープペンであるのに対し，アスペルガー症候群の人たちにとってシャープペンはメタ知識としての「シャープペン」なのである。彼らにとって「シャープペン」は観察・分析の結果として析出された知識の集積体なのである（ここでは，そのことを「メタ知識」と呼ぶ）。

　こうして，アスペルガー症候群の人たちは，他者がシャープペンを使う方法を観察・モニターすることを通してシャープペンの使い方を知るのではなく，シャープペンを一旦，さまざまな知識の断片へと解体し，その上で総合化してメタ知識という形で捉え，理解していくのだ。つまり，アスペルガー症候群の人たちは，他者モニター能力，すなわち他者を通してではなく，自らメタ知識（「シャープペン」イコール「文字を書く道具，0.5mm の芯が入ったもの，使用時ペンの頭を押すもの……」）を作り上げて自分の力で理解していくのである。彼らは，生物学的な形質を効率的に使い回す（転用する）ことができないのだ。それゆえ，彼らは何をするにも，労力のかかる迂回を経てモノゴトを理解することになる。裏を返すと，前適応やその使い回し（転用）が私たち人間にとってどれだけ省エネをもたらしているかをあらためて認識することができる。

　では次に，以上述べた道具経験を踏まえつつ，本題であるアスペルガー症候群の人たちが他者を理解するやり方について述べていくことにする。この場合も，シャープペンのような道具の理解と同様，他者を理解するために迂回を必要とする。

　L. ヴィトゲンシュタインは，著名な哲学者でありながらも，その独自な思考法からアスペルガー症候群であったといわれている。そこで次に，ヴィトゲンシュタイン独自の他者理解の方法を通してアスペルガー症候群の人たちのそれを見ていくことにしたい。なお，ヴィトゲンシュタインの他者理解の方法についてはすでに著書［中井，2008］で詳述したことがあるので，ここではアスペルガー症候群の人たち特有の他者理解に焦点づけることにしたい。結論から述べると，アスペルガー症候群の人たちは，シャープペンをメタ知識として理解したのと同

様，他者をもメタ知識として理解するという方法を採るのである。

　アスペルガー症候群の人たちの他者理解の方法を，たとえば「愛犬が死んで悲しい」というケースを通して考えてみることにしたい。この場合，アスペルガー症候群の代表であるヴィトゲンシュタインからすると，まず確認すべきことは，愛犬の死が原因となって悲しみの感情が私に湧き立つという結果，すなわち「愛犬の死」－「悲しみの感情」という因果律をもたらすのではない，ということである。むしろここで問題になっているのは，愛犬の死が私（本人）にとって持っている意味，一般的には，できごとの中に私（本人）が見てとる意味のほうである。つまり，悲しみの原因ではなく，悲しみの理由こそが関心事となる。悲しみの原因が第三者的な観察によって完全に知ることができるのに対し，悲しみの理由，すなわち悲しみの意味秩序は，私（当人）にしか理解することができない。私たちにとってこの，まったく自明な事柄の認識からアスペルガー症候群の人たちの他者理解が始まるのである。

　次に，ヴィトゲンシュタインは，ジェストロウのアヒル・ウサギの反転図形を持ち出しつつ，ある人はそれをウサギの頭として見る，また別の人はそれをアヒルの頭として見るということ，そして，私がアヒルの頭を見ているまさにそこに，ウサギの頭を見る他者が立ち現れてくるということ，に注目する。つまりこの場合，私と他者とのあいだでは，反転図形という「指示」が共有されながらも，両者がその指示されたものを異なる「相貌」，すなわち「ウサギ」または「アヒル」といういずれかの相（アスペクト）のもとに捉えている。

　いま述べた反転図形の論理構造に，愛犬が死ぬことによる悲しみの感情を挿入すると，私が愛犬の死を悲しんでいるまさにそこに，愛犬の死を「名誉の死」として喜ばしく受けとめる他者，悲しみのあまりに寝込んでしまう他者等々が立ち現れてくることになる。愛犬の死をどのように受けとめるかについては，他者によって千差万別なのである。要は，愛犬の死に対する感情は実にさまざまなのだ。そして，こうした（さまざまな感情を持つ）他者が立ち現れてくるとき，私は愛犬の死に対し悲しんでいるという自分自身の思い（感情の強度）に初めて気づくのである。

　こうして，世界はまさに反転図形であり，私に対し他者が突きつけてくる異なる世界の相貌こそ，他者の「心」であり，他者に対し私が突きつける異なる世界の相貌こそ，他者から見た，私の「心」である，ということになる。そして，他

者が突きつけてくる異なる世界の相貌に対し，私が自分自身気づく（自覚する），私なりの世界の相貌こそ，私から見た，私の「心」だということになる。

　繰り返し述べると，アスペルガー症候群に属するヴィトゲンシュタインが分析するように，愛犬の死に直面して私は悲しいが，その感情がどのくらいのものかを自分で理解することができるのは，同じ愛犬の死に直面した他者の感情，特に自分とはまったく異なる他者（異なる感情を抱く異質な他者）に直面したときなのである。自分自身，かなり悲しいと思っていたとしても，寝込むほど悲しむ他者に遭遇したとき，自分の悲しみはそれほどでもなかったことに初めて（あらためて）気づくのである。反対に，ほとんど悲しまない他者に遭遇したとき，自分の悲しみは深かったことに気づくのだ。こうした悲しみの感情こそ，自分の心なのである。

　こうしてみると，アスペルガー症候群の人たちは，愛犬の死に対する他者の悲しみ，すなわち他者理解を，まずは悲しみの因果律でなく，悲しみの理由（意味）であること，そして次に，ある事象（愛犬の死）に対しさまざまな悲しみ（悲しみの強度）を持つ他者がいるということ，すなわちある事象を指示しながらも相貌（アスペクト）が複数あるということ，こうした他者との遭遇を通して自分の悲しみ（ひいては，心）の様相を初めて理解することができるということ，……をメタ知識という形で次々と明らかにするのである。こうした迂回には膨大な労力と時間がかかるわけであるが，それでも，彼らが辿りついた他者理解は，アスペルガー症候群ではない私たちにとっても，十分納得のいくものである。否それどころか，私たち以上に正確な他者理解に辿りついているとさえいうことができる。特に，他者理解を通して初めて自己理解が可能になるという結論は，他者モニター能力を使い回す，いわば前適応を効率的に用いる私たちと類似している。ただ根本的に異なるのは，他者理解を直感的にかつ短時間で行っているか，論理的にかつ多大な時間をかけて行っているかにこそある。また，他者理解に関する知の形態，すなわち直感的に知ることと，論理的に知ることとの違いもまた，見逃すことができない。前適応を使い回すことができない人たちにとって，他者理解および自己理解は，大変な課題となるのである。

(5) なぜ，精神分析を批判しなければならないのか

　以上述べてきたように，人間を含む生物にとって生存の関係上，まず，他者こ

そが関心事であることから，他者を観察しモニターすることから始め，そうして習得した他者観察能力や他者モニター能力を次に，自己が自己を知るために——特に人間の場合，自己理解や自分の心を理解するために——，投射先を自己へと転換してきたのである。しかも，他者モニター能力の投射先を他者から自己へと転換するだけでなく，他者の行動を自己の行動へと転写する，すなわち模倣すること——文化的なレベルでは他者の心身を「なぞり」，それを自分の心身へと移す，ひいては他者になる——が必要であった。他者モニター能力の投射先の転換および他者の模倣（自己における再現）こそ，人間進化の理路なのである。

このように，個人の生存や人類の存続を究極の目的とする進化人間行動学から捉える限り，私たち人間が自己を知る・理解するためには，必ず他者を観察・モニターすることから始めなければならない。また，自己自身を理解するためには，一旦，外に向けて何かを表出・表現してみて，表出・表現された作品を通してその都度その都度自己（の心）を理解するしかないのである。

ところで，「外＝他者」から自分を知ることなしに，自己自身を理解することはできないという捉え方は，従来の心理学，精神医学，精神病理学などに大いなる影響を与えることになる。たとえば，精神分析は，自己理解のデフォルトを自分の心の中（内面），すなわち精神に設定する。自己は中から外（現実世界）を見ているわけであるが，そのときの，自己（内）の現実世界（外）の認識の仕方は果たして妥当なものかどうかを問題にするのである。つまり，主観と客観が一致・符合しているとき，その主観の客観の見方・捉え方は正しいということになる。裏を返すと，主体と客体が一致しない場合，自己の現実世界の認識の仕方が歪んでいると判断されて，精神病理の対象となる。

このように，精神分析はクライエントの自己理解に際して，主体と客体，自己（内界）と現実世界との一致を正常の基準とするのである。言い換えると，精神分析は，精神を基準に正常／異常という評定を行うわけである。もっというと，精神分析は，自己観察および自己モニター（能力）を通してクライエントの自己が正常／異常という判定・評価を下していることになる。その典型が精神分析家，E.H.エリクソンのアイデンティティ理論である。周知のように，アイデンティティとは，疾風怒濤の時代といわれる青年期の心理－社会的な発達課題のことであり，自己が自分とは何か，社会の中で自分は生きていく力があるのかを問いながら——ときに，アイデンティティ拡散という負の状態に陥りつつも——，

自分が自分であること，ひいては時間や環境の変化に抗して自分が連続する同一のものであることを確証していくことである。いわゆる自己同一性の確立である。エリクソンの考えを敷衍すると，成人は自己同一性に収斂する自己のあり方を，生涯発達というトータルな生き方という文脈において自己定義・自己選択することができることになるが，こうした自己による自己の定義もしくは規定は，精神分析よろしく，自己の中にあらかじめ自己モニター能力が備わっていることを前提としたものにすぎない。ところが，私たち人間は，トータルな生き方の中で自己選択・自己定義することができるという，アイデンティティの前提そのものが，そもそも矛盾している。しかもそうした自己選択および自己定義は，不本意にも自分自身を拘束・呪縛する基準や規範（「にせの自己」とか「偽りの自己」など）と化してしまう。むしろ，自己は個々の具体的な場面においてその都度自己のあり方を選択したり定義（規定）したりすることができるのみである。そのとき必ず参照されるのが，他者であり（自分が）表現した作品（＝他者）である。

　したがって，自己観察および自己モニター（能力）をクライエントの自己の判定尺度とする精神分析は，初期設定の段階から誤っていると考えられる。人間の能力や適応は，それ以前の進化史を無視して語ることができない以上，何よりもまず，「外＝他者」から自分を知るという迂回によって他者モニター能力，総じて他者という尺度を介して語り始めるしかないのである。その意味において，精神分析の思考法は人間進化という自然の摂理から逸脱していると断言することができる。もとの根幹となる思考法がそもそも間違っている限り，それ以外／それ以上の思考法の誤謬を指摘することは無意味である。

　とはいえ，精神分析について本書との関係でもう1つ，批判すべきことがある。それは，音読と黙読を比較した際に述べた，**図12**に関する事柄である。結論から述べると，精神分析は，身体感覚（インプット）－脳－身体運動（アウトプット）というフィードバック・ループのうち，インプットとアウトプットに相当するからだの機能を縮小化し，頭蓋骨という，外界と遮断された密室（ブラックボックス）で「表象」という心特有の自律的なループを形成している。つまり，精神分析は，精神，この場合は「脳＝心」の閉じたループを特別扱いしているのだ。その意味で，精神分析は，からだまたは身体感覚・身体運動を排除していると考えられる。からだ（身体感覚・身体運動）を縮小化もしくは排除してしまう思考法は，生物進化の意味や真実を捉え損ねている。以上，思考法に関する2つの

根本的な誤謬をもって，精神分析には何ら真実はないと断言したい。

4. 俯瞰力としてのメタ認知とデフォルトモード・神経ネットワーク

すでに述べたように，「外＝他者から」自分を知ることとは，「外＝モノから」自分（の位置）を知ることに加えて――あるいは，それをベースにして――，他者の視点から自己自身を俯瞰し，眺めて自己を客観視したり，修正したりすることである。総じて，それは，メタ認知または反省（内省・自省）である。

ところで，「外＝他者（の視点）から」自己自身を俯瞰するメタ認知は，どのようなときに働くのであろうか。そのことに関する最新の脳科学の知見を紐解くと――もはや，常識となりつつある知見なのであるが――，私たちの脳には，何かに集中しているときに使用される「注意関連・神経ネットワーク」と，ボーッとしているとき，無為に過ごしているときに使用される「デフォルトモード・神経ネットワーク」の2つがあり――前者は「集中モード」，後者は「整理モード」――，メタ認知が強く働くのは，後者の，無為に過ごしているときであるという。なお，脳のハードウェアからすると，両者は大脳の帯状回という部位に位置していて，前者は前部帯状回（情動を司る領域）に，後者は後部帯状回（運動を司る領域）に位置している。

ところで，まったく意外なことであるが，私たちが一生懸命，頭を使って仕事や勉強しているときも，ボーッとしているときも，脳のエネルギー代謝はほとんど変わらない。何もせずにぼんやりしているときでも，脳は大量のエネルギーを使っているのである（むしろ，ぼんやりとしているときのほうが，それ以外のときよりもはるかに何十倍ものエネルギーを消費しているという報告もあるほどである）。

そして，何もしていないときに活性化する脳の領域こそ，前述した「デフォルトモード・神経ネットワーク」，すなわち「整理モード」なのである。「デフォルト」とは，コンピュータ用語の「何も手を加えていない状態」とか「何の課題もない状態」のことである。要は，コンピュータをオンにしたまま，何らプログラムを起動させていない状態がデフォルトなのである。それはまた，自動車のアイドリング，すなわち自動車のエンジンを低速で空回りさせている状態に匹敵する。

ところで，この「デフォルトモード・神経ネットワーク」が「整理モード」と名づけられるのは次の理由からである。つまりそれは，私たちが自分の行動や経

験や思考などをまとめたり整理したりして，この次に何をするのかを準備し，いわばスタンバイの状態でいるからなのである。1時間仕事や勉強をしたら10分程度休むことが良いのは，この短い休憩のあいだに，その機能が働いてこれまで行ってきたことを整理するとともに，次の課題に向けてのスタンバイの状態を作り出しているからなのだ。だから，休憩を取らずに仕事や勉強をすると，かえって能率が落ちる可能性がある。次に行動すべきことに向けて脳が待機しているからこそ，すなわち脳がアイドリングしているからこそ，次のアクションを円滑に起こすことができるのである。

したがって，頭を使うことと身体を使うことを交互に行っていれば，自然と「注意関連・神経ネットワーク」と「デフォルトモード・神経ネットワーク」との切り替え能力が向上するし，すでにリハビリテーション分野で活用されている。要は，ボーッとしているときや，無為に過ごしているときの脳内「整理モード」(「デフォルトモード・神経ネットワーク」) をどれだけ確保できるかが肝要なのである。ぼんやりと過ごす時間を確保することは，私たちの脳にとって大きな意義があるのだ。

さらに，2つの神経ネットワークは，視覚と聴覚という感覚と関係がある。視覚の場合，瞼を閉じて何も見ないことにより外から入ってくる視覚情報（受動視覚）を減らすことができるのに対し，聴覚の場合，静かな場所に移動したり，逆に適度にざわついているカフェに行ったりするなど，自ら環境を変えることでしか感覚を調整することができない。にもかかわらず，ウォークマン的な聴取は，電車やバスに乗っているスキマ時間さえも──居眠りしているときさえも──，自らを情報（実は，刺激）に晒し続け，「注意関連・神経ネットワーク」を使い続けているのである。しかも「注意関連・神経ネットワーク」は，朝のバタバタから連続して消耗されている。

以上のように，「外＝他者」から自分を知る，すなわち他者モニター能力の投射先を自己へと変更して自分を知る認識方法を前適応という進化学の知見から述べてきた。「外＝他者」から自分を知る認識方法として，気配過敏や体外離脱といった解離をはじめ──解離こそ「外＝他者から」自分を知ることの根本である──，本書でも取り上げた，B.B. ヴィゴツキーの外言から内言への精神発達の進展過程（自他二重性から自我二重性への理路），同じく本書でも言及した，心

の理論，すなわち一次的信念と二次的信念として示される，他者の心を推量する能力，筆者からすると，他者観察・推察・モニター能力，さらには，別のところで詳述した，J.ラカンの「3人の囚人」という思考実験［Lacan, 1972 = 1966: 263-264］，すなわち背後から私をまなざす外部の視線としての「一」（第三者の審級），本書で触れた，音読による自己理解，すなわち外に声を出して，その声を自分が聞いて，自分を知ること，文章を書くこと（作文や評論文など）による自己理解，すなわち外に文字（作文）を書いて，その文字（作文）を自分が読んで，自分を知ること，総じて一旦，外に何かを表現してみて，その表現したこと（＝作品）を見て，あるいは読んで自分を知ること，である。この場合，外に何かを表現することは，自分が直に自分を知るのではなく，自分が外に何かを表現したことやもの，すなわち他者を見たり読んだり鑑賞したりすることによって自分（の心）をその都度知ることを意味する。世阿弥は，演者が観客の目を通して（＝離見），自分自身の演技を見ること（＝見）を，「離見の見」と名づけたが，この場合の作品が舞踏や舞踊などの身体の動きであっても，「外＝他者」から自分を知るということはまったく同じなのである。何度も繰り返し強調すると，人間をはじめ，すべての動物には独自の他者モニター能力が内蔵されていて，その能力の投射先を自己へと転換しつつ，他者の行動を模倣することで自分の身体で再現することで，自分の心をその都度理解するのである。自分の心はその都度，外＝他者もしくは外＝何かを表現した作品を通して初めて理解できるのだ。

結　語

　以上述べてきたように，乳幼児期から始まるぬいぐるみ遊びや人形遊びおよびそれらを起源とするIFとの交流・対話を，発達心理学の自他二重性／自我二重性の観点から整合的に捉えるとともに，たとえこれらが青年期以降続いても，発達心理学の枠組みの中で捉えられる，ごく正常な活動であることを論述してきた。青年期以降のぬいぐるみ遊びやIFとの交流・対話は，ファンタズムへの没入という解離（表象と知覚のスウィッチング）であっても，正常な範囲での活動なのである。
　一般に，解離という概念を持ち出すと，それは，乳幼児期における母子の葛藤や虐待およびそれに基因するトラウマに対する自我・精神の防衛機制として語られたり，挙げ句は，多重人格（交替人格のスウィッチング）と診断されたりすることが少なくない。勿論，解離における主観の時間的変容の症状として，健忘，遁走，離人などと一緒に多重人格や多重人格障害が並置されるわけであるが――たとえば当事者以外には見えないIFはさておき――，大半のIFとの交流・対話は，ごく正常の範囲での解離である。裏を返すと，「解離＝多重人格（障害）」という等式は，発達心理学の知見から析出される，私たちの多くが体験する豊かな解離を排除してきたといえる。したがって，私たちは青年期以降になっても連続的に出現するIFやぬいぐるみ・人形の存在価値を評価すべきなのである。
　ところで，ぬいぐるみがIFとなるのは，個体発生（個体発達）のプロセスにおけるどのような機序によってであるのかということについては，発達心理学における自他二重性（外言）／自我二重性（内言）という対概念によって解明された。つまり，人は生まれて以来，母親をはじめ現実の多くの他者とコミュニケーション（外言）を交わすことと同時に，こうした外言を内化して内言を作り出していくが，IFは外言が内言に内化するプロセスに出現する精神発達の所産である。正確には，現実の他者とのコミュニケーションは，話す‐聞くの「能動／受動」の二重性，すなわち自他二重性から成るが，このとき同時に，自分の内部で内なる自我と内なる他者との，いわゆる自己‐自己コミュニケーション（自己内対話）が生成しているわけであるが，こうした自他二重性／自我二重性が乳幼児期の一

人二役の会話やそれに基づく IF（との交流・対話）を生み出すことになる。ところが，ぬいぐるみ遊びに代表される IF との交流・対話は，乳幼児で終わるわけではなく，むしろ一旦，自分の内側に確立した，内なる他者との自己内対話（内言）は乳幼児期とは逆に，外の世界に向けて外言化することによって内なる他者が外の世界にある何らかの依り代に向けて投射される。これが乳児期を超えて青年期以降にも見られる IF との交流・対話であり，ぬいぐるみ遊びにほかならない。このように，発達心理学は，自他二重性／自我二重性というシンプルな対概念によって乳幼児期の IF および青年期以降の IF について解明したのである。

　青年期およびそれ以降の IF 保持者（ぬいぐるみ遊び愛好者）にとってぬいぐるみ（IF）は，自他二重性の豊富化により自分の内側に確立した，内なる他者との自己内的対話（内言）の外言化によって，内なる他者が外の世界に向けて投射されるところの依り代なのであるが，こうした内言の外言化は，知覚回路と表象回路とのスウィッチング（入れ替え）をもたらすことになる。これは，頭の中で表象したものが外で知覚されたものとして出現する事態であり，解離研究では「空想への没入」もしくはファントムへの没入と名づけられる。青年期以降のぬいぐるみ遊び（IF との交流・対話）は，自己理解および人間関係の不和を二次的な障害・精神病理として招来させる可能性があるとはいえ，そのこと自体はごく正常なものであり，正常な範囲での解離現象である。とはいえ，内なる他者との自己内対話（内言）があまりにも過剰な想い（感情）となって，依り代に投射されると，表象と知覚のスウィッチング（入れ替え）が過剰なものとなり，ひいては精神病理となる可能性がある。こうしたスウィッチングが成されていることに自覚的である限り，IF との交流・対話およびぬいぐるみ遊びはごく正常な活動であると考えられる。

文　献

尼ヶ崎　彬 1990 『ことばと身体』勁草書房。
麻生　武 1996 『ファンタジーと現実』認識と文化4, 金子書房。
Blanke O, et al. 2002 Neuropsychology: Stimulating Illusory Own-Body Perception, Nature 419.
Geiger, J.G. 2010 The Third Man Factor：Surviving the Impossible, Weinstein Books. （J・G・ガイガー, 伊豆原弓訳『サードマン：奇跡の生還へ導く人』新潮社, 2014年。）
池谷　裕二 2013a『単純な脳, 複雑な「私」――または, 自分を使い回しながら進化した脳をめぐる4つの講義――』講談社。
池谷　裕二 2013b『脳には妙なクセがある』扶桑社。
乾　敏郎 2009 『イメージ脳』岩波書店。
Ghaemi, S.N. 2007 The Rise and Fall of the Biopsychosocial Model：Reconciling Art and Science in Psychiatry, Johns Hopkins University Press. （S・N・ガミー, 村井俊哉訳『現代精神医学原論』みすず書房, 2009年。）
Gopnik, A. 2009 The Philosophical Baby：What Children's Minds Tell us About Truth, Love, and the Meaning of Life, Farrar, Straus and Giroux. （A・ゴプニック, 青木玲訳『哲学する赤ちゃん』亜紀書房, 2010年。）
浜田　寿美男 1999 『「私」とは何か――ことばと身体の出会い――』講談社。
Hilgard, E.R. 1977 Divided Consciousness : Multiple Controls in Human Thought and Action, John Wiley & Sons Inc. （E・R・ヒルガード, 児玉憲典訳『分割された意識――「隠れた観察者」と新解離説――』金剛出版, 2013年。）
堀本　真以 2016 「ぬいぐるみ遊びと自我発達」, 中井孝章・堀本真以『ぬいぐるみ遊び研究の分水嶺――自我発達と精神病理――』大阪公立大学共同出版会, 18-50頁。
Janet, P. 1889 L'automatisme Psychologique : Essai de Psychologie Expérimentale sur les Formes Inférieures de L'activité Humaine. （P・ジャネ, 松本雅彦訳『心理学的自動症――人間行動の低次の諸形式に関する実験心理学試論――』みすず書房, 2013年）。
Janet, P. 1904 L'anmésie et la Dissociation des souvenirs par L'émotion, Journal de Psychologie, V, pp.417-453. （P・ジャネ, 松本雅彦訳『解離の病歴』みすず書房, 2011年所収）。
金菱　清 2016 『震災学入門――死生観からの社会構想――』筑摩書房。
唐木　順三 1973 『現代史への試み』筑摩書房。
工藤　優花 2016 「死者たちが通う街――タクシードライバーの幽霊現象（宮城県石巻・気仙沼）――」, 東北学院大学震災の記録プロジェクト・金菱清編『呼び覚まされる霊性の震災学―― 3.11 生と死のはざまで――』新曜社, 1-23頁。
Lacan, J. 1966 Ecrits, Editions du Seuil. （J・ラカン, 宮本忠雄, 他訳『エクリⅠ』弘文堂, 1972年。）
森口　佑介 2014 『おさなごころを科学する――進化する乳幼児観――』新曜社。

Moser ,M.-B., Moser,I.M.　2016　Where Am I? Where am I Going, **Schentific American January** 2016.（M・B・モーザー，E・I・モーザー，古川奈々子訳『空間認識のカギ握るグリッド細胞』日経サイエンス，2016 年 6 月号。）

中井　孝章　2008　『ヴィトゲンシュタインの子どもたち／明滅する「理想社会」』日本教育研究センター。

中井　孝章　2015　『カウンセラーは動物実験の夢を見たか──トラウマの実在論的記憶論──』大阪公立大学共同出版会。

中井　孝章　2016a『賢治の読者は山猫を見たか──「解離コード」で読み解くもうひとつの世界──』日本教育研究センター。

中井　孝章　2016b「ぬいぐるみ遊びと精神病理」，中井孝章・堀本真以『ぬいぐるみ遊び研究の分水嶺──自我発達と精神病理──』大阪公立大学共同出版会，51-126 頁。

小栗　康平　2011　『人格解離──わたしの中のマイナスな私──』アールズ出版。

小栗　康平　2014　『症例Ⅹ──封印された記憶──』ＧＢ。

岡野　憲一郎　2007　『解離性障害──多重人格の理解と治療──』岩崎学術出版社。

岡野　憲一郎　2009　『多重人格者──あの人の二面性は病気か，ただの性格か──』講談社。

岡野　憲一郎　2015　『解離新時代─脳科学, 愛着, 精神分析との融合─』岩崎学術出版社。

岡ノ谷　一夫　2016　『さえずり言語起源論─新版 小鳥の歌からヒトの言葉へ──』岩波書店。

O'Keefe, J.D.　1971　The Hippocampus as a Spatial Map. Preliminary Evidence from Unit Activity in the Freely-Moving Rat, **Brain Research**, 34(1): 171-175.

大月　康義　2011　『語る記憶──解離と語りの文化精神医学──』金剛出版。

柴山　雅俊　2007　『解離性障害──「うしろに誰かいる」の精神病理──』筑摩書房。

柴山　雅俊　2010　『解離の構造──私の変容と〈むすび〉の治療論──』岩崎学術出版社。

柴山　雅俊　2012　『解離性障害のことがよくわかる本──影の気配におびえる病──』講談社。

柴山　雅俊　2017　『解離の舞台──症状構造と治療──』金剛出版。

Stern, D.B.　2009　**Working with Unformulated Experience, Dissociation, and Enactment.** （D・B・スターン，小松貴弘訳『精神分析における解離とエナクトメント──対人関係精神分析の核心──』創元社，2014 年）。

上田　恵介，他編　2013　『行動生物学辞典』東京化学同人。

山岸　明子　2017　『つらさを乗り越えて生きる──伝記・文学作品から人生を読む──』新曜社。

山下　武　2003　『20 世紀日本怪異文学誌──ドッペルゲンガー文学考──』有楽出版社。

山﨑　広子　2017　『人生を変える「声」の力』　NHK 出版。

あ と が き

　本書では，解離とトラウマを切り離して捉えることの必要性を強調しましたが，その理由は，精神分析に基づく防衛機制を解除（ディストラクト）することにありました。筆者にとってこれまで防衛機制は，思考停止の元凶でした。それが悪質なのは，生体の防衛反応と同一レベルで捉えられると錯覚させることにあります。精神医学は，著効性の高い抗うつ薬の開発を背景に，DSM-Ⅲ以降，精神分析を排除しましたが，（N.ガミーが批判する）バイオ・サイコ・ソーシャル折衷主義によって密かに復活を遂げました。また，精神分析の斜陽は，その論理が否定されたわけではなかったため，今日でも健在です。日本では，スクールカウンセラーの超法規的導入の立役者，河合隼雄の影響もあって相変わらず，ユング派への支持者が少なくありません。近年，精神分析は「メンタライジング」という新たな装いで若い研究者から支持されていますが，筆者からしますと，「心の理論」にアタッチメント理論など複数のオプションをつけただけのジャンク理論にすぎません（文献を読めば一目瞭然です）。

　このように，私たちの大半は精神分析を支持していない（はず）にもかかわらず，どうして，その中核となる防衛機制だけを延命させるのでしょうか。そこには，心の専門家が虐待，いじめ，不登校，引きこもり等々ありとあらゆる問題行動の原因を，乳幼児期に求めたいという精神分析的な意志が見え隠れしています。もしかすると，心の専門家は，一連の問題行動（心の病気）という複雑系を縮減したい，もっというと，わかりやすく説明したいだけなのかもしれません。本書の中でも強調しましたように，心の専門家は，クライエントをひたすら「説明」したいのです。ところが，「説明」はセラピストのクライエントの心の病気やその原因を知りたいという意志にすぎません。こうした「説明」は，クライエントにとって関連はあっても関係がないことがほとんどです。その最たるものが防衛機制なのです。しかも，本書で論じた「解離」は，この防衛機制によって最も被害を受けている「心の病気」です。だからこそ，「解離論」を提示するにあたって，精神分析の防衛機制を徹底的に批判することになりました。

　今後も，防衛機制のみならず，象徴の世界にどっぷりつかっている精神分析のディストラクション（精神分析をお払い箱にすること）および精神分析家の分析（精

神分析家の欲望・意志の批判的分析）という研究を継続していきたいと考えています。

　最後に，本書の出版にあたりまして，大阪公立大学共同出版会の理事長の足立泰二先生（大阪府立大学名誉教授／農学博士）をはじめ，編集者の川上直子氏，事務局の児玉倫子氏と辻　昌子氏には大変お世話になりました。厚く御礼申し上げます。

平成 29 年 7 月 31 日
著者

著者略歴

中井　孝章（なかい　たかあき）
現在，大阪市立大学大学院生活科学研究科教授／学術博士

〔近著〕
『速い思考／遅い思考―脳・心の二重過程理論の展開―』，『道徳2.0―高次の功利主義戦略に向けて―』（日本教育研究センター）など。

OMUPの由来

大阪公立大学共同出版会(略称OMUP)は新たな千世紀のスタートとともに大阪南部に位置する5公立大学、すなわち大阪市立大学、大阪府立大学、大阪女子大学、大阪府立看護大学ならびに大阪府立看護大学医療技術短期大学部を構成する教授を中心に設立された学術出版会である。なお府立関係の大学は2005年4月に統合され、本出版会も大阪市立、大阪府立大学から構成されることになった。また、2006年からは特定非営利活動法人(NPO)として活動している。

Osaka Municipal Universities Press (OMUP) was established in new millennium as an association for academic publications by professors of five municipal universities, namely Osaka City University, Osaka Prefecture University, Osaka Women's University, Osaka Prefectural College of Nursing and Osaka Prefectural College of Health Sciences that all located in southern part of Osaka. Above Prefectural Universities united into OPU on April in 2005. Therefore OMUP is consisted of two Universities, OCU and OPU. OMUP has been renovated to be a non-profit organization in Japan since 2006.

防衛機制を解除して解離を語れ

2017年11月9日　初版第1刷発行

著　者　中井　孝章
発行者　足立　泰二
発行所　大阪公立大学共同出版会(OMUP)
　　　　〒599-8531　大阪府堺市中区学園町1-1
　　　　大阪府立大学内
　　　　TEL　072(251)6533
　　　　FAX　072(254)9539
印刷　　石川特殊特急製本株式会社

©2017 by Takaaki Nakai. Printed in Japan
ISBN978-4-907209-78-0　C3011